JN068936

日月神示とパワースポット

中矢伸一

青林堂

まえがき

近年では「パワースポット」とされる場所を訪れることがブームのようで、本や雑誌、テレビなどで特集が組まれたりしているそうです。

昔は、パワースポットという言葉もスピリチュアルという言葉もありませんでしたし、あったとしても一般には知られていませんでした。それが、どこかのメディアで火をつけたのか、今ではすっかり市民権を得てしまっているようです。

たしかに、あの神社はエネルギーが強いとか、波動が高いとかいう言い方はされていましたので、言葉の意味としてはそういった表現の現代風と思えばいいのかもしれません。

ただ、私はあまりパワースポットという言葉も、考え方も、最初から好きではありません。そのことはたびたび著書や記事の中で言及してきました。

昨今はとくに、御朱印を集めることも流行《はや》っているそうで、参拝者の多い神社やお寺は大変なことになっているようです。順番を待てない人がキレて神職に暴言を吐いたり、客どうしがモメたりして、トラブルも相次いでいるんだとか。

こういう御朱印集めというのも、パワースポットブームに通じるところがあると思いますが、要するに、ご利益が欲しいわけですね。自分の運が良くなりたい。自分が受験に受かりたい。自分が健康になりたい。自分が、自分が……ぜんぶ「自分」です。見苦しいことこの上ない。日本人の霊性の低さを表す社会現象だと思います。

そんなふうにハッキリと意見を述べていた私に、パワースポットをテーマに書いてほしいと言われた時には、断わるつもりでおりました。私にそんなテーマで依頼するなんて、お門違《かど》いもはなはだしいと思いましたし、だいたい、私に書けるわけがないと思ったのです。私はいわば、筋金入りのアンチ「パワースポット」派ですから。

ですが、ふと、自分の若い頃を思い返してみました。私が最初に神様の世界に関心を持ち始めた時は、神を本気で信じれば、きっと良いことがあるに違いないと思いました。そこで最初にやったのは、「宝くじ」を買うことでした。百円も当たらない、大ハズレでした。

私とて、最初はそういう思いで神様に対していたのです。つまり、あの頃の私にとって、神様とは、自分が良くなるために〝利用する〟存在だったのです。今のパワースポットブームに乗る人や、必死な形相で御朱印集めに走る人と、何ら変わるところがありません。

最初の「入り口」としては、そういうライトな形で神様を信じたり、神社と親しんだりしてもいいのではないか。そして、本当の意味で良くなるためには、そういう「にわか御利益信仰」で留まるのではなく、その先に進まないといけない、ということを伝える必要があるのではないかと、思い直したのです。

私にそうした「マコトの道」を教えてくれたのが、日月神示でした。

和製スピリチュアルを少しかじったことがあるなら、知らない人はいないというくらい有名な日月神示ですが、ご存じない方のために少し説明しておきます。

日月神示とは、「ひつきしんじ」「ひつくしんじ」「一二三《ひふみ》」などと呼ばれ、決まった名称はありません。戦前から戦後にかけての日本に降りた一種の「啓示」であり、今風に言うと「神様からのメッセージ」ということになります。

書いたのは、天性の画家であり神道研究家であった岡本天明《おかもとてんめい》という人です。

太平洋戦争が終結する一年余り前の昭和19年（1944年）6月10日、千葉県の印旛にある麻賀多《まかた》神社を参拝した際、突然、「自動書記」という形で文章らしきものを書かされたというのが始まりです。この天啓は昭和36年頃まで断続的に続き、全37巻、補巻1巻という形で今日に残されました。

日月神示の原文は、全編にわたって一から十、百、千、万といった漢数字と仮名で書かれ、時には記号のようなものが混じる特殊な文体で構成されていますので、ちょっと目にしただけでは何が書いてあるのかまったく判読できません。書記した天明さん自身さえ読むことができなかったのですが、仲間の霊能者や研究者の手によって解読が試みられ、とりあえず、すべてを平易文に訳す「第一仮訳」の作業は終わっています。現在出回っている日月神示の全巻本は、いずれもこの第一仮訳をベースとしております。

日月神示に書かれている内容としては、日本と世界の行く末に関する予言的な記述をはじめ、霊界の仕組みや宇宙論、開運法や健康法、幸福な人生を不動のものとするための心構えや身魂《みたま》磨きについてなど、多岐にわたります。

「八通りに読み解ける」と言われ、読む人によって様々な解釈が可能なことも日月神示の特長です。また、「釈迦、キリスト、マホメット、孔子、老子、黒住、天理、金光、大本の次に来る十番目のとどめの神示である」と自らを定義づけています。つまり、日月神示とは人類に対する最終警告であり、救世の書であるわけです。

そんな日月神示ですが、30年前はその存在すら誰も知らないという状況でした。当時、ご神縁を頂いた私としては、何とか日本にもこういう素晴らしい御神書があるということを知ってほしいと思い、仕事でご縁のあった徳間書店に企画書を出したところ、それが通り、本が出ることになりました。それが、1991年5月に刊行された『日月神示』です。私は、日月神示の本を出させて頂けたことだけでも十分だったのですが、この本が爆発的に売れ、アッという間にベストセラーになってしまったことで、私の人生は大きく変わりました。

あれから今日に至るまで、ずっと日月神示と共に人生を歩ませて頂いております。30年の間には様々なことがあり、苦労も少なくはなかったのですが、振り返ってみると、日月神示に書かれていたことは嘘偽りのない、ホンモノであったと断言できます。

まさに、本当の意味で運を開くための要諦《ようてい》が書かれているのが、日月神示なのです。その道を歩む中で、いろいろと体験し、学ばせて頂いたことをお伝えすることで、何かの御役に立てるのかもしれないと思い、本書をまとめました。

自分のつたない半生記みたいな部分もありますが、どうぞ最後まで楽しみながらお読み頂ければと思います。

令和2年2月吉日　　中矢伸一

第１章

日本と神様とパワースポット

何でも受け入れ、自由に存在する日本の神様

例えばイスラム教では、多神教にあたる神道は受け入れられませんし、原理主義からすると、多神教を信仰している人と交誼《こうぎ》を結ぶこともいけないのだそうです。ムスリムにとっては、アラー以外に神はいないのですから。八百万の神々がいる神道は、邪教とうつります。

ただ同じイスラム教といっても、国や地域によって多少の違いがあって、例えばインドネシアの一部地域では、もともとあった土着のアニミズムが生きていて、それがイスラム教と合体した信仰が、現代も残っているようです。日本のイタコみたいな人とか、呪術ができる霊能者が普通にいて、村人の相談に乗ったりしているそうです。

基本的に、ユダヤ教でもキリスト教でも、唯一神を信仰する宗教は、他の宗教の神は認めません。一方、神道はというと、なんでもＯＫです。日月神示《ひつきしんじ》はもっとすごい。悪霊や悪神さえも祀れ、とありますから。そもそも悪なる神なんているのか、なんだそれは?という感じだと思います。一神教ではありえないことです。

キリスト教であれば、天なる父、聖霊、神の子イエスの三位一体説が根本原理となり、神の子といえばイエス・キリストただ1人。ところが神道では、人は誰も神の分け御魂《みたま》を持っていますので、誰でも元々は神という考えです。一神教の人たちからすると、非常にプリミティブで土俗的な宗教――英語でこれをペイガニズム（paganism）といいます――に見えます。それがだんだん進化して一神教に進んでいくという考えだと思います。

一神教は、唯一絶対なる神以外に神はないとしていますから、自然の中に神や精霊はいません。スピリチュアリズムの発祥の地であるイギリスでさえ、厳格なカトリックですと妖精などの存在を認めないようです。

小泉八雲ことラフガディオ・ハーンはギリシャ生まれですが、イギリスに移り住むと厳格なカトリックの祖母のもとで育ちました。ハーンは小さい頃、妖精が見えたそうです。でも、祖母はそんなハーンの言うことを信じようとしないし、認めませんでした。非常に抑圧されたまま成人するのですが、日本を訪れると、神々がまったく抑圧されずに自由に信仰を集めているのを目の当たりにします。それで出雲に定住することを選んだのです。

イギリスも、一神教を信仰しながら、妖精やゴブリンなどが同居しています。『ハリー・ポッター』が生まれる風土はそこにあるわけです。心霊学研究も昔から盛んです。霊的な世界がわかる人には、神々の世界が理解できるのだと思います。

世界に宗教は無数にありますが、やはり神道的な考え方が一番良いし、合理的だと思います。神道は八百万の神ですから多神ですが、究極の一神もあります。ですがそれは、かけ離れた世界にいる存在ではなく、全体のことです。全体で見れば一神ですが、その中に、いろんな神々がいる。一神の一つの現れが多神になるということです。

また、全部が神様なのだから、どれも神の一部であり、遍在していると考えるのが、汎《はん》神《しん》論です。日月神示では、神とは究極の一神であり、同時に多神であり、同時に汎神であるとしています。すべて正しいわけです。

排泄物だって神様になってしまうのが神道です。一神教の人からすると呆《あき》れてしまうでしょうが、すべてが神なのですから、それもまた理にかなっています。

殺された神から新しい神が生まれるといった発想も、日本人が昔から持つ寛容性、多様性とも関係していると思いますし、日本の神話にはいろんなメタファー（隠喩）が入っています。たとえば、伊耶那岐神《いざなぎのかみ》・伊耶那美神《いざなみのかみ》による国生みの最後の段階で、伊耶那美は火《ひ》之迦具土神《のかぐつちのかみ》を生んだことで死んでしまいます。これは今までの「火の文明」の終焉《しゅうえん》を表しているのではないかとする説があります。

日月神示も日本神話も、はっきり書いているわけではありませんが、伊耶那美を母なる大地である地球とすると、自然破壊とか環境汚染というのも人類による「火の文明」が引き起こしたと言えると思います。その文明が今、行き詰っている。それが神話において伊耶那美が死んで黄泉国《よみのくに》に行くというシーンに重なるのではないかということです。

一方、一神教では、前述しましたように、異なる宗教に対して排他的になるところがあるように思います。自分の神様はいいが、お前の神様はダメだとか選り好みしている人は、人間に対しても選り好みするし、自分の価値観を強要しがちになるのではないでしょうか。衝突も起きやすくなりますし、そういう人の人生を考えると、あまり良いことも起きないように思います。それより、どんな宗教の人でも（危険なものでない限り）広い心をもって付き合える人の方が、良い人生になるような気がしませんか？

誰でも死ねば神様

神道の場合は誰でも死ねば神様になります。ですが、その「神」というのは、もちろん一神教でいうところの創造神とは違います。そういう究極の一神としての根源神と、我々が言う「死んだらみんな神様」という時の神とはまったく異なるので、神という言葉を外国語に訳す時には注意が必要です。最近では、とくに訳さずに「Kami」とする場合もあるようですが、その方がいいかもしれません。

亡くなった人が神として祀られている神社もたくさんあります。東京だけでも、明治天皇を祀る明治神宮や、乃木希典《のぎまれすけ》を祀る乃木神社、東郷平八郎を祀る東郷神社などがあります。歴史上の人物が祀られているところもあります。今ではパワースポットとしても知られる天神様は、菅原道真を祀るお宮です。

靖國神社の場合はちょっと特殊で、政治も絡んで大論争になっています。それは戦没者を祀る神社だからというだけでなく、いわゆる「A級戦犯」が一緒に祀られていることが問題視されているわけです。

これには東京裁判史観というものが絡んでいるわけですが、そもそも東京裁判の公判記録のどこを探しても「A級戦犯」という言葉はないですし、「A」とか「B」とか「C」というのは、たんなる類別に過ぎないのです。みんな「A級戦犯」というのを、最も罪の重い戦争犯罪人だと思っているのかもしれませんが、これはまったくの誤解であるということです。そんなところから解きほぐしていかないと、この問題は解決しません。

日本人だって誤解しているのですから、外国人の場合はもっと酷《ひど》くなるわけです。靖國神社をWar Shrine（戦争神社）と訳す人もいますし、「礼拝する」という言葉をworshipと訳すと「崇拝する」という意味にもなりますから、戦争の英雄たち（War Heroes）を崇拝するところが靖國神社だという解釈になってしまう。

言うまでもなく、靖國神社は戦争を賛美するところではありません。「魂よ、安らかなれ」「ご苦労さまでした」と鎮魂や感謝の気持ちで静かにお参りするところです。神道では死ねば神様になるわけですから、善人も悪人もないわけです。

スピリチュアル好きな人の中には、「戦争が関わっているから絶対に行ってはけない」「負のエネルギーが溜まっている」などといった意見を持つ人もいるようですが、神道的霊魂観からしたら、理解できない考えです。彼らは戦争というものに対して非常にネガテイブな気持ちを持っているので、ただ先入観で敬遠しているだけなのでしょう。彼らがイメージしている、天国の神様に通じるキレイな世界とは違って、戦争というおどろおどろしい人殺しに関与した人たちが祀られている、恐ろしいし汚らわしいところだ、というような感覚なのではないかと思います。

戦前の神道界の重鎮であった今泉定助翁《いまいずみさだすけおう》も言っていますが、宗教というのは基本的に

「個」の救済を求めるものです。これに対して神道は「全」になります。まず全体があって、その構成要素の一つである個がある。だから「公《おおやけ》」という概念を重視するわけです。「公」を「国」と置き換えてもいいと思います。

私たちの祖先が日本のために戦ってくださった。それは私たちのために戦ってくださったということです。そうやって亡くなっていった方々に対して、「魂よ、安らかなれ」「ご苦労様でした」という気持ちで手を合わせるのは、公という概念が生きている日本人としては自然の行為でした。自分とは直接関わりがないとしても、日本に生きる日本人として、関わりはあるわけですから。

そういう感覚を持てないという人は、日本人としてつながっているという気持ちが持てないのでしょう。昔の人が勝手に戦争を始めて、国民を苦しめた。そんなの自分には関係ないということです。「公」を否定して「個」を重視するようになった戦後教育が、そういう考えの人たちを増やしてしまったのです。

「公」といっても「個」を軽視していいわけではなく、どこまで個（自分）というものを大きく捉えることができるかということです。「自分だけの自分」ではなくて、家族があり、親族があり、さらに先祖へとつなげていけば、皆がつながっていきます。赤の他人のように見えても、遠い先祖のどこかでつながっているかもしれません。それが日本人なのです。個＝全、自分＝日本人全体、という気持ちになった時に、日本のために戦ってくれたということは、自分のために戦ってくれたことなんだと理解できると思います。

「教え」はないが、「型」が重要となる神道

神道は厳密に言うと「宗教」ではありません。教祖もいませんし、教義も教典もないですから。日本の神様はおおらかで、懐《ふところ》も深いのです。男であれ、女であれ、宗教がなんであれ、ムスリムでもキリスト教でも、神道を信仰するのに改宗する必要なんかありません。善人でも悪人でも迎え入れてくれます。だから自分もそうならないと、神様に通じないということです。

ただし、神社やご神域を汚したり破壊したりする者までウェルカムにしてはいけないと思います。ダメなものはダメと言わなければならない。神様はそういう不届き者も許してくださるのかもしれませんが、我々がそれを許してはならないということです。

また、神社は基本的に誰でも受け入れてくれますが、真に神様に通じるには、いろいろ

と作法や決まり事があります。大本《おおもと》の出口王仁三郎《でぐちおにさぶろう》が受けた神示で、「伊都能売神諭《いづのめしんゆ》」という聖典があるのですが、そこには、日本は神国であるから、肉食をしたものは神前に出てはいけないとあります。

日本には古来、肉食を穢《けが》れと見る思想があります。今日では忘れ去られていますし、だいたい今の神職はみんな肉でも何でも食べていますから、そんなことを言ったら誰もご神前に出られなくなってしまいますが、日月神示にもハッキリとそのことが記されています。他の文献を調べても、日本は伝統的にそういう決まり事になっています。神様の御前に出る人は、本来、肉は食べてはいけないし、精進潔斎して、きちんと正装してから上がらないといけないということです。

入り口は誰に対してもオープンなのですが、段階が進むにつれて厳格になるのが神道の世界です。

伊勢神宮で正式参拝されたことのある方ならご存じと思いますが、きちんと正装し、御《み》垣内《かきうち》で参拝します。その時、一般の我々が進めるのはここまで、総理大臣はここまで、天皇陛下はここまで、と決まっているのです。こういうことからしても、神道は無秩序になんでもかんでも受け入れるわけではないということがわかると思います。

昔の誰かが決めたしきたりかもしれませんが、だとしても、それも神界の写しと言えます。お参りの仕方や祭祀のやり方も、けっこう厳格に決まっています。神道には「教え」はありませんが、そういう「型」というものが重要なのです。

鳥居をくぐって、本殿の前で参拝する、そこまでは誰が来てもいい。お賽銭にも決まりはない。境内の中で犬の散歩をしてはいけませんとかいったルールはありますが、そんなに難しい決まり事はありません。

ただ、さらに一歩、本殿内に立ち入らせて頂く時があります。お祓いを受ける時や、正式参拝させて頂く時ですね。この時は靴を脱いで昇殿します。きちんと正座して拝礼しなければなりませんし、私語は慎まねばなりません。幣《ぬさ》でお祓いをして頂く時には必ず頭を下げます。玉串奉奠《たまぐしほうてん》にしても、細かい作法があります。神道は奥に進むほど決まり事が多くなっていきますし、大嘗祭《だいじょうさい》のように、宮中の祭事では秘密のベールに包まれた儀式も現代に受け継がれています。

源氏＝みなもとが意味するもの

日本の建国は今から2680年前と言われていますが、実際にはそんなものではなく、もっと古いのではないかという説もあります。それがどこまで遡《さかのぼ》れるのかは、今後の学術研究や考古学的調査の結果を待つしかありませんが、はっきりしているのは、そんなにも長い歴史の中で、一度も外国に占領されなかったということです。それは本当に奇跡だと思います。外国の島国は、すぐに占領されたり、王朝が替わったりしています。

皇室も連綿と今日まで続いています。途中断絶はあったとする説も根強くありますが、私が皇室の裏事情に詳しい人から聞いた話では、なんとか一系でつながっているのは間違いないということでした。

天皇家でなく、それが傍系であっても、元は天皇につながります。たとえば源氏は、朕《ちん》と汝《なんじ》は源を同じくする天皇家であるぞ、という意味で「源《みなもと》」とつけたのです。平氏も桓武天皇から分かれた一族です。

源氏の中にも、平氏の中にも、本流もあれば傍系もあります。藤原も大きな一族ですが、藤原氏も天皇家と何度も婚姻を重ねていますので、裏の天皇家と呼ばれるくらい、血が入っています。そして藤原氏も膨大な分かれがあります。

奈良県桜井市にある談山《たんざん》神社は藤原鎌足公を祀っている神社です。そこに「藤原氏名字一覧」というパンフレットが売られていますが、それを開くと、傍系を含めた藤原一族のリストが載っています。大半の日本人が入ってしまうのではないかというくらい、その数は多いです。

中には「藤原氏は朝鮮半島から来た侵略民族だ」と主張する人もいますが、当時の朝鮮半島から来た人たちは、今の朝鮮人とは異なる民族だったと思われます。中臣氏は蘇我氏を滅ぼしましたが、蘇我氏も朝鮮半島からの渡来人という説もあります。その蘇我氏は物部氏を打ち負かして天下を握っていますが、物部氏も朝鮮半島からの渡来人です。

当時は半島や大陸から渡来した人たちに政権の中枢を握られていたことになりますが、これはもともと縄文時代に海を渡っていった人たちが、ある一定の期間を経て、また戻って来るという流れの中の一族だったのではないかと思います。

要するに、今の日本に住む日本人は、数十年前に日本にやってきたという人でない限り、みんな元をたどると、どこかで藤原につながったり源氏や平氏につながったりするのではないかということです。1億3000万人のほとんどが、元をたどればどこかでつながるというのはすごい話ではないかと思います。

歴史に名を遺した大名や武将の子孫だって、現在もおられますよね。徳川家の血統も絶えていません。第○○代目を名乗る家系も日本にはざらにありますが、自分で何代目かと辿れて、証明もできるところがすごいと思います。最近日本にやってきたという人でない限り、自分のルーツを調べると、けっこう面白いことがわかると思います。「あ、こういうところにつながっているんだ」というのがわかるかもしれません。そうしたら皇室や神社とも、自分との関わりの中で、今までよりもっと身近に思えるのではないでしょうか。

また、そういうふうにルーツを調べていくうちに、自分はどういう神様に縁があるのかとか、自分のご先祖様が大事にしてきた神様というものもわかってくるかもしれません。そういうことが簡単に調べられるようになればいいと思うのですが、今は手掛かりがないと自分の先祖をずっと遡って調べることはなかなか難しいと思います。私も時間が出来たら調べてみたいと思っていますが、中矢家がどこから来たのかは、まだわからないのです。そういう調査を専門的にやってくれる人もいるそうなので、いずれ頼みたいと思っているところです。

日本は全人類の本家であり、その中心が日本の天皇家

天皇家というのは、日本の中で最も歴史が古いというだけではなく、一番大きな家だからオオヤケ（公）というのだと言ったのは前述の今泉翁ですが、もともと「公」というのは皇室を意味する言葉だということです。

先ほども述べたように、天皇家を中心にみんなつながっているわけですから、皇室をないがしろにするということは、自分をないがしろにすることに通じます。現在の皇室にもいろいろと悩ましい問題はありますが、日本人であれば、それは自分自身の問題でもあると捉えるべきです。

「日本人であれば」と言いましたが、じつは歴史をさらに何千年と遡っていくと、日本だけの問題ではなく、世界全体の問題となります。太古の日本人（縄文人）は世界中に散らばっているからです。そうなるともはや『竹内文書』の世界ですが、そこまで解釈するなら、日本は全人類の本家であり、その中心が日本の天皇家ということになります。そこまで言ってしまうのは拡大解釈であり、時期尚早だとしても、せめて日本国の中心には皇室

があるということを、まず日本人が理解しなければいけないと思います。

ところで、世界には四大文明と言われるものがありますが、文明が繁栄したところというのは、その後はだいたい砂漠化したりしています。文明の発展と引き換えに、自然環境の荒廃が進んでしまい、自らを滅びに追いやるのです。

日本に文明などはなかった、というのが定説ですが、それは西洋の定義における文明はなかったということです。日本の文明というのは、他の文明と比べて極めて異質なのです。

世界の文明の多くは、自然環境を破壊した上に、ピラミッドや大神殿などの建築物を築いています。絶大な権力を持つ皇帝や王が現れて、一時的には絢爛豪華《けんらんごうか》な文明が興隆しても、絶頂期を越えて衰退を始めると、そこはもう砂漠化してしまう。

日本にはたしかに、屹立《きつりつ》するような神殿などの建造物は残っていませんが、自然と融和し、一体化する中で循環的な暮らしを営んでいましたので、そうはなりませんでした。

日本はいまだに国土の7割は森林です。ただ、昔のような大木が建材に使われることは、もうないそうです。古い家屋の大黒柱や梁《はり》に使われる木材は、今ではあり得ないほど太いもので、百年や二百年経ってもまだ十分に住めるほど、頑健な作りになっています。

ですがもう、日本の住宅には大黒柱というもの自体がありません。そもそも大黒柱に使えるような木材がないのです。今の建材は海外からの輸入が多いと聞いています。

それでも日本には国立公園もたくさんあるし、鎮守の杜《もり》の広大なご神域を持つ神社もあります。そういったところでは、樹齢のいった木々がまだまだあると思います。そう思うと日本人は、外国と比べれば結構自然を守ってきたと言えるのではないでしょうか。欧米人の基準でいくと、文明と呼べるものは日本にはなかったということになるのかもしれませんが、日本人とは価値基準が違うのです。欧米人に限らず、中国人だって同じですが、自然を征服し、他を圧倒するような大きいものを建てることこそが文明だと信じているようです。

しかし日本の場合、皇居の建物からしても、大変質素です。巨大な宮殿を建てて、民を睥睨《へいげい》するようなものではまったくありません。皇室の暮らし向きも質素ですし、けっして自分が王様だ、支配者だ、と威を張るようなこともありません。

日本の城もうまく自然を取り入れています。戦国時代の城作りは防衛の機能が重視されましたが、江戸時代になってくると、街のランドマークのような存在になっていきました。城内にはたくさんの木々を植えて、四季折々の変化を楽しめるようになります。領民たちもそんなお城に住む自分たちのお殿様を誇りに思っていました。

戦もなくなった江戸時代は、鎖国政策を取りましたが、循環型の社会システムが発達し、人々の暮らしは安定していた時代だったと思います。もちろん一時的には飢饉などがありましたが、全体を通してみると、国内の生産高も上がるなど、けっこう豊かな時代だったことが窺えます。

日本が本気を出せば人類はすでに火星に行っていた⁉

アメリカの金持ちは、収入も資産もケタが違います。中国も、最近の超富裕層と呼ばれる人たちは、現代の王族のような感じになっているようです。そういう豊かさの象徴のような、時代を繁栄したお金持ちは、何でも手に入れた気になっていますが、けっして永続的なものではないと思います。ビジネスで大成功した人たちは、一時的にとんでもないお金が入ってきて、新興の財閥のようになっていますが、これからもずっと彼らの時代が続くかというと、そうはならないと思います。

世界で一番豊かな国と言われるアメリカでは、超富裕層が全体の1％くらいしかいません。要するに、経済的な格差が広がっているのです。こういう社会はとても永続的なものとは呼べず、たとえ一部にそのような金持ちがいても、それは一時的な繁栄に終わると思います。超のつく金持ちがいることよりも、国民みんながそこそこ幸せで、飢えることもなく、２０００年、３０００年続いても滅びないようなしっかりした社会を築くのが本当の繁栄ではないでしょうか。

そう考えると、日本には非常に長い歴史を持つ企業とか、業者などがたくさんあります。たとえば、和菓子の「虎屋」は、書面で残っているだけでも室町時代まで、伝承では奈良時代まで遡れるのだそうです。皇室にずっと献上していたため、藤原京、平安京に遷都した時もついていったそうで、明治維新後は東京遷都（東京行幸）にともない、東京にやって来たということです。他にも、神社仏閣の建築をずっと続けてきた「金剛組」も、非常に長い歴史を持つ企業として有名です。

両社に及ばずとも、東京や京都、大阪には、創業数百年を誇る老舗というのはまだまだ健在です。明治以降の創業というところまで入れたらかなりの数に上るでしょう。戦後50年、60年経っている会社なんか、そこら中にあります。

我々が普段使っている鉄道会社も、多くが１００年を越える歴史を持っています。その蓄積された技術とノウハウにはすごいものがあると聞いています。その集大成が、新幹線です。それを中国がコピーして作ろうとしても、さすがに無理だと思います。日本の技術を導入した台湾の新幹線は事故もなく順調に走行しているようです。

中国はものすごく経済発展しているといいますが、技術の継承がなかったわけですから、本当に上辺《うわべ》だけのものしか作れないと思います。あるいは、人材とノウハウごと買収するか、盗むしかありません。中国だけでなく、モノ作りに関しては、日本の右に出る国はないのではないでしょうか。

日本の造船技術も世界一と言われます。鉄道に造船、これに航空機まで加わると大変なことになります。日本は戦後、航空機を作らせてもらえなくなりましたが、アメリカとしては軍事的な脅威になるという理由以外に、航空産業で優位に立たれることを危惧して、日本に航空機を作らせなかったのかもしれません。実際、戦後になってから日本が進出した自動車産業は、アメリカにとって最大級の経済的脅威となりました。

ロケットなどの宇宙関連産業もそうです。日本がもしアメリカを気にせず、本気で宇宙技術開発に取り組んでいたら、今頃はすでに火星くらいは行っているかもしれません。

第2章

神様の思いと波長を合わせることを第一に

「パワーがほしい」だけではダメ

本書のタイトルは『日月神示とパワースポット』ですが、私はそもそも「パワースポット」という言葉があまり好きではありません。まずそういうところからお話しさせていただきます。

近年は世間一般の人でも「パワースポット」が人気で、今の「御朱印」ブームにも通じるところがあると思うんですけれども、そういう人たちに、「パワースポットに行って、いったい何のパワーを求めているのですか」と聞いてみたいです。答えは予想がつきますが。

彼らは、神社に詣《もう》でて、神様に向かって、パワーなり、エネルギーなり、「何かくれ～」って言っているわけです。その代わりにお賽銭をあげるといっても、最近は五円玉が多いそうです。「御縁がありますように」にかけてとのことですが、賽銭箱に五円玉ひとつ放り込んで、なんかくれと言っているのも同然で、乱暴な言い方ですが、これは一種の物乞いに似ています。

祈るといっても、自分のことだけ。神様のためとか日本のためとかではなく、とにかく自分さえよければいいみたいな感覚で祈る人がほとんどなのではないでしょうか。それが庶民の感覚だから、致し方ないんですけれども。今本当に、御朱印集めがすごいことになっているらしいです。オークションで売買されているなどというのは、理解しがたいことです。とにかく集めればラッキーなことが起こると信じているのでしょうか。

御朱印集めに熱心な人たちは、令和元年の変わり目の日付の入った御朱印がどうしても欲しかったようです。たとえば、長野県の善光寺の御朱印。たまたま善光寺に行った人から聞いたところ、普段から長い列が続いているのに、この日はさらに何重にも列が出来ていたそうです。また、この前、伊勢神宮に行った時に聞いたのですが、内宮のご正宮《しょうぐう》近くに御朱印の授与所があるんですけど、その列がはるか向こうの宇治橋まで伸びてしまって、なんと10時間待ちだったそうです。

誰が仕掛けているのか知りませんが、こういうのは一種のブームなのです。なんでそういう御朱印なり、パワーなりが欲しいのかというと、それはただ「ご利益《りやく》」がほしいから。では、ご利益とは何かというと、もっと運が良くなるということ。仕事運であったり、恋愛運であったり、他にもいろんな運が良くなってほしいと。もちろん運が良くなることを願うこと自体は、必ずしも悪いことではないと思いますが、あまりにも自己欲に寄り過ぎではないかと思うのです。自分さえ良ければいいという気持ちが強すぎるような気がするということです。

神社側としても、今は国や自治体が管理しているわけではないので、参拝者はお客さんです。神社の維持運営という面からも、お客さんにはたくさん来てもらう必要がありますから、わからなくもないのですが、お札《ふだ》を授与するにしても、「家内安全、商売繁盛、学業成就、どれにします?」と訊《き》いている場合もめずらしくなく、何か違うだろと思ってしまいます。本来神社と参拝者は、そういう低次元なところでつながるものではないのですが、先ほどの神社の維持運営の問題もあり、悩ましいところです。

神社を穢す低い想念と自己欲

繰り返しますが、神社と参拝者は本来、そういうつながり方をするものではないわけです。またそんなつながり方で、お祈りをしても神様に届かないと思います。太古からある神社というのは、もともとエネルギー地場の高い所に建てられていますから、神社自体がパワースポットと言えばパワースポットと言えると思うのです。ところが、そういう清らかな場所に、自己欲の塊《かたまり》みたいな人たちがワーっと集まってきてしまうと、自己欲という低い想念を神社に落としていく。そうなってくると、もともと清々《すがすが》しい、エネルギーの高い神社だったのに、だんだん穢《けが》れてしまうという現象が起きてくるのです。

日月神示が最初に降りたことで知られる千葉県の麻賀《まか》多神社もそうでした。30年前くらいまでは誰も知らなくて、私が初めて行った時も誰もいませんでした。地元の人さえほとんど知らないくらいだったので、境内はひっそりとしていましたが、その雰囲気がまた良かったのです。

麻賀多神社本殿の右手奥に天之日津久《あめのひつく》神社がありまして、これが当時はすごくみすぼらしい、木造りの小祠《こぼこら》だったのですが、岡本天明《おかもとてんめい》さんが参拝された当時のままで、とても良い「氣」でした。本殿の左手には、「東日本一」と謳《うた》われる大杉があります。私は１９８０年代終わりから１９９０年代最初の頃までは、毎月１回は参拝に行くようにしていたのです。

日月神示が有名になるにつれて、だんだんと参拝者も増えてきました。そしていろんな「想念」を落としていくわけです。霊能者か宗教関係者らしき人たちが来て、何らかの神事をしていった跡を見ることもありました。塩や酒をまいたり、生卵を御神木にぶつけたり、それがそのままにしてあるのです。龍神はお酒や卵が好きだからということらしいのですが、こういう連中には本当に困ったなと思ったものです。30年前の麻賀多神社の手水《てみず》舎《や》は、御神水を引いていました。湧き水が出ていたのです。それも枯れてしまいました。

東日本一の大杉は、樹齢1300年以上の、推古天皇の時代からあると言われる老木です。完全にこれは御神木なのですが、昔は普通に触れられたものです。それもある日を境に枯れ始めました。現在は鉄柵が設けられて、触れられないように保護されています。

参拝客が増えると、神社側としては嬉しいわけですが、このように神社が持つ「氣」というのは落ちていくこともあります。

意外と、人のほとんど来ない神社の方が、「氣」が強かったりするのです。人が来ることが問題なのではなく、どういう想念で参拝するのかが問題。そういう意味からすると、神社に参拝に行く際の心構えがまず基本であり、重要だと思います。

神様の思いと波長を合わせることを第一に

先ほども述べましたように、神社はもともとエネルギーの高い所にありますし、神様としても、この世の人間たちが可愛いわけです。むしろ、ご利益を与えたいわけです。

しかし神様はどこまでも「無私」の存在です。私心が微塵《みじん》もないのです。一方、祈る方は、私心だけ。これでは波長が合うわけがありません。神様の思いと波長を合わせるためには、私心を捨て、自分も与える気持ちになることです。最初から「くれ！」じゃなくて。与えるといっても大したことはできないのですが、気持ちのベクトルが重要なのです。たとえば、何か人の役に立ちたいとか、自分以外のもののために、見返りを求めず、何かを与えたい、働きたいという思いで祈ると、波長が合うのです。そうすると結果的に、パワーとかご利益といった、神様からの後押しが頂けるようです。

日月神示には、「始めは自分本位の祈りでもよいと申してあるなれども、いつまでも自分本位ではならん」（『黄金の巻』第98帖）と出てきます。「拝むは拝まんよりはましであるぞ」（『春の巻』第56帖）ともあります。神様がそれでもいいとおっしゃるのなら、自分がまず良くなりますようにというような今の祈り方でも許してくださっているのだろうと思いますが、いつまでもそんな祈り方だと、小学生から成長していないことになります。

成長していくにしたがって、祈りの仕方も変えなくてはいけないということです。

そういう意味で、私は今の「パワースポット」ブームは好きではないと言っているのですが、それを神社や神様と親しむ「きっかけ作り」として、神社に関心をもって足を運ぶのは良いことだと思うのです。

本来は日本列島全体がパワースポット

では、どこの神社がパワースポットとしてお勧めかという話になりますが、本来は日本列島全体がパワースポットなのです。日月神示には、「日本の国はこの方《ほう》の肉体であるぞ。国土拝《くにつちおろが》めと申してあろうがな」（『地つ巻』第35帖）とか「国常立大神《くにとこたちのおおかみ》のこの世の肉体の影が日本列島であるぞ」（『星座之巻』第4帖）という言葉があります。日本列島全体が国常立大神の現れであり、国土は神様の御肉体なのです。ということは、どこの「スポット」がパワーがあるということではない。大陸プレートがいくつも合わさっている上に乗っている日本列島は、どこに行ってもエネルギーが高いのです。日本は火山列島ですから、火山だらけで、温泉がいっぱいあって、台風はしょっちゅう来るし、地震が来れば津波も来る。こんなに天変地異の多い国は、世界中どこにもないわけです。外国に行くと、砂漠や荒れ地ばかりとか、火山も地震もない。動きがないわけです。季節も日本のようにハッキリ分かれていません。

　日本は四季というものがあり、旬の物が食べられて、火山活動が活発ということは、それだけ地場エネルギーが高い国土に生かして頂いている。そういう尊い国に生まれさせて頂いた、もう、このこと自体が超ラッキーなことなのです。まずそこに感謝することから始めないといけません。日本を訪れる外国人も、そういう尊い国に来ているのだという自覚が最初に必要ではないかと思います。

　私たちは気がついたら日本の国に生まれていたわけですけれども、そこには日本人としてこの時代に生まれた意義というものがあるわけです。神様の目から見れば、日本だけではなく、世界全体が神国らしいんですけど、その中でもとくに重要な「神の国」日本に生まれ合わせて頂けたということに、まず手を合わせるべきなのです。毎日、神様の御肉体である日本の土から生まれた美味しいものを食べさせて頂いているわけです。そこに気づけば、神社に行って「なんかくれ！」なんて、とても言えなくなります。

　最初に出て来る言葉は「日々生かさせて頂きましてありがとうございます」とか、毎日こうして無事に過ごさせて頂いていることへの感謝。自然とそういうことを申し上げたくなるし、至らぬところばかりの自分に気づき、日々お守りくださってありがとうございます、という気持ちになる。まずはそういう気持ちが芽生えるようになることが大事であると思います。

神様がいる、いないはその人次第

霊的な世界からすると「思い」が基本ですから、どこにいたとしても、神様と波長を合わせることはできるんだけれども、この世に生きている我々としては、時間とお金をかけて、わざわざそこまで行ってお参りするということが大切なのです。

この世ではお金は必要なものですし、神社としても維持運営費がかかるわけですから、五円とは言わず、ある程度のお金を包ませて頂くという心構えで参拝することです。すぐにご利益があるというわけではないけれども、必ずその人の人生は神様の後ろ盾を得て、始めは苦労するかもしれないけれども、気がついたら何も心配事がなくなって、弥栄《いやさか》えていく。そういう道はすでに敷かれているそうなのです。これが私の「パワースポット」論なのです。

そういう思いで行くとしたら、どこがいいかというと、たとえば群馬の榛名山《はるなさん》にある榛名神社とか。そんなに参拝客は多くはないと思いますが、あそこは巨石とか奇石が御神体であって、素晴らしいところです。私はあまり霊的なことは感じられない人なのですけど、敏感な人はすごくエネルギーを感じるそうです。今のは一例ですが、創建年代の古い、由緒ある神社であれば、どこでもいいと思います。創建年の古い神社には、原初的な祭祀形態を残しているところがあります。昔は山自体が御神体で、その山を遥拝《ようはい》するために麓《ふもと》に神社が建てられた。とくに関西圏に多いようです。京都の福知山市にある皇大《こうたい》神社は、御神体山が日室《ひむろ》ケ嶽《がたけ》と呼ばれ、ピラミッド説もあります。あるいは一ノ宮でもいいと思います。関東で言うと大宮氷川神社がありますし、中部地方だと真清田《ますみだ》神社とか、九州だと宇佐神宮とか、日本各地に長い歴史と伝統を持つ神社があります。

ところで、時々、「○○神社に行っても神様はいないよ」などと言う人がいます。神様が神社にいるとかいないとか、別にそこに住んでいるわけではありません。いる、いないはその人の心次第なのです。日月神示には、「その時、その人間の氣に相応した神より拝めん。悪い氣で拝めばどんな立派な神前でも悪神が感応するのぢゃ。悪神拝んでも正しき愛と喜びあれば、善き念が通ずるならば、悪神引っ込んで、それぞれの善き神現われるのぢゃ。この道理よく心得よ」（『黄金の巻』第96帖）とあります。その人の思いの波長に応じた神様と波長が合うわけです。

そういう意味では、神社というのは神界とこの世をつなぐポータルみたいなものです。どういう神様とつながるかは自分次第。できるだけ高位の、善い神様と波長を合わせるようにするには、自分の魂を磨くしかないわけです。最初から「くれ！」などと祈らないこと。神様は、言われなくても「あげたい」わけですから。それを「受け取れる」器にならないといけないのではないでしょうか。

その人にとって縁の深い神様というのが、きっとあると思うのです。それはその人にしかわからない。ご存じのように、日本の神様って一柱《ひとはしら》ではありません。いろんな神様がいますので、その中でも、とくにこの神様と自分は縁が深いというのがある。その神様が祀られている神社に、できれば毎月1回とか、年2回とか、お参りすることにより、絆《きずな》がさらに深まることはあるのではないかと思います。

では、自分と縁の深い神様というのは、どうすればわかるのでしょうか。「あなたはこの神様の系統」とズバッとわかる術があるといいのですが、そう都合よくはいきません。なんとなく神社にお参りに立ち寄ったところ、また同じご祭神だったとか、いろいろと神社に詣《もう》でる中で、とくにこの神社がとても好きだとか、そういう感覚を大事にするといいと思います。

身近な水場にも龍神様がお住まい

神社以外でエネルギーの高い所というのは、たとえば磐座《いわくら》とかになるでしょう。あるいは、超古代からある巨石信仰のような跡です。磐座というと祭祀場みたいになってしまいますが、祭祀場になっていなくても、日本各地に巨石文明の痕跡みたいなところがあります。そうしたところに赴《おもむ》くのもいいと思います。

最近、東京の井の頭公園が、掃除をマメにやっているせいか、水がすごく綺麗になったと言われています。沼とか池といった水場には必ず龍神様がいるそうです。龍神様のパワーを上げるために、水場を綺麗に保つことはとても重要です。綺麗にすれば龍神も力が出て、与える力もより大きくなるでしょうから、水場というのは大切にするべきです。

逆に、井戸や池を勝手に埋めたり潰したりすると、いろいろと変なことが起こります。知らずにそういうことをするのは本当に怖いことです。どうしても埋めなくてはいけない場合は、必ず神事を行ってからやることです。

たとえば、庭付きの家を買ったら、そこに池があったとします。増築などの事情で、それを埋めることになったとしても、勝手に埋めてはいけません。何の断りもなく勝手にやると、火事を起こすとか、怪我や病気が相次いだりとか、何かあったりします。

1982年に、赤坂のホテルニュージャパンで火災がありました。大惨事になったわけですが、あの辺は昔、ため池が多かったそうです。だから「溜池」という地名が残っているのですが、あのホテルも池を潰して建てたものらしいです。ところが、神事をやらなかった。それであぁいう大火災が起きたと聞いています。直接の原因はもちろんあったと思うんですけど、霊的には、そういうことも災いしているのかなと思います。

良い例で言うと、箱根のプリンスホテル。あそこは敷地内に九頭龍《くずりゅう》神社があります。最近はパワースポットとして知られ、縁結びに御利益があるということで、若い女性がよくお参りするようになりました。あそこの神社はプリンスホテルが昔から大切にしていたものです。プリンスホテルグループがこんなに大きくなったのも、もしかしたら九頭龍さんを大切にお祀りしたことが関係しているのではないかと思います。

龍神といっても、ピンからキリまであります。蛇に近い小さいものから、大龍神となると山脈のようなスケール、あるいはもっと大きいのとか、様々なのですが、必ず水場にはいるのだそうです。それこそ、台所にもいる。

だから水場を綺麗にしないと、そこに邪気が入りこんで、よくない人生を自分で招いてしまうことがあるといいます。川もそうです。東京の渋谷も、川の流れが見える渋谷駅の東口側と川が塞がれているセンター街方面とでは、雰囲気がずいぶん違います。それは東口に警察署があるからということではないでしょう。東口側には金王八幡宮《こんのうはちまんぐう》もあり、水場や神社を大切していることも関係あるかもしれません。

そういうことからすると、やはり自宅に神棚をお祀りすることは大切です。天照皇大《てんしょうこうたい》神《じん》のお札《ふだ》はどこの神社でも頂けますし、日本全国どこでも神社があります。産土《うぶすな》様とか氏《うじ》神《がみ》様などと呼ばれますが、自分の住む地域を担当する神様がいらっしゃいますので、その神様のお札を頂いてきて、お祀りするといいと思います。そして、毎月１日と15日とか、あるいは月一回とか、参拝に行くことをおすすめします。「いつもありがとうございます」とご挨拶するだけでいいのです。そのように日頃から神様とのご縁を大切にすることにより、本当の意味での運気を上げることにつながるのではないかと思います。

興味本位で行かないこと、邪気の集まる場所を避けること

もともとは日本列島全体が神様の肉体であり、聖地であるということは、本来なら穢《けが》れた場所などないはずなんですけど、今はそういうところもあります。汚染された水環境とか、欲にまみれた都会の一角とか。そうした邪気を呼ぶようなところは、なんとなくわかると思います。

東京の大手町には、有名な「将門の首塚」があります。本当はそういうところに行ってもどうということはないんでしょうけれども、霊的良識のない人が興味本位で行くと、良くないことも起きるかもしれない。だからあまり近づかない方がいいと思うのです。

それは平将門の怨霊の仕業というより、そういうものを祀っているということは、必ずそこを根城《ねじろ》にしている霊的存在がいる。たぶん、たくさんいると思います。だからそういうことが起こることもある。人によると思いますが、ちゃんとした心構えが出来てない人が、どんなものか見てやろうといった安易な気持ちで行くと、何か変なことがあるかもしれないですね。

それから、日本各地にある滝などは、とても良い氣のところが多いのですが、滝行をする場になっている滝つぼなどは、よくない場合があります。そういうところは、行者の霊が多かったりするのです。霊的な力が低下している人がそういう場所に行って滝行をしたりすると、かえってそういう霊に取り憑かれるということがあるようです。

人工的に作った滝など、景観として作っている分には問題ないと思います。でもそこもあくまで水場ですから、綺麗にした方がいいでしょう。

邪気と言えば、パチンコ店などは、いろんな邪気が集まっている典型かもしれません。時々、強盗事件が起きたり、子供が放置されて亡くなったりしています。それはたしかに、親がいいかげんだったり、金に無計画な人間が依存症になってしまったりというのが原因としてあるとは思うのですけれども、邪気を集めているような面もあると思います。私自身はパチンコなどに興味はないですし、なるべくそうした店舗には近づかないようにしています。

変わったところでは伊勢神宮の内宮《ないくう》の、正宮から荒祭宮《あらまつりのみや》に行く途中に、石段を降りていくところがあるのですが、そこに「踏まずの石」と呼ばれるものがあって、その石を踏んでしまうと不幸なことが起きると言われています。一種の迷信なのですが。

じつは何でもない石なのですが、そういうふうに皆が信じてしまうと、それが現実化してしまうということがある。

日月神示を読むと、もともとないものであっても、信じる力が強いと実体化してしまうとあります。そうすると、本当は踏んだってどうってことない石なのに、何か不幸なことが起きてしまい、「あの石を踏んだからだ」ということになる。迷信とか都市伝説であっても、大勢の人が強く信じると、本当にそうなってしまうということがあります。正しい霊的な良識を持っていれば影響は受けないでしょうけれども、持っていない人は影響を受ける可能性があります。

そういう余計な不幸現象を受けないようにするためにも、神棚を祀ったり、神社を大切にしたりすること――要は、日月神示に書いてあることなのです。朝起きた時には、今日も命を頂いたことに感謝する、寝る前には「今日も一日ありがとうございました」と心の中でもいいから御礼を述べる。神棚に向かって手を合わせればさらにいいのですが。

最初に申し上げたように、私たちは日本列島のお土《つち》の上に生かさせて頂いているのです。それ自体が尊いし、ありがたいことなのだと、感謝の思いを持つことが基本ではないかと思うのです。

南北朝時代、南朝のバイブルとなった北畠親房《きたばたけちかふさ》の『神皇正統記《じんのうしょうとうき》』は、「大日本は神国なり」という言葉で始まります。

その他、多くの国学者や思想家、宗教家らが「日本は神国である」と説いてきました。それは事実だということです。

そんな尊い国に生まれさせて頂いたという時点で、すでに大変なご利益を頂いていることに気づかなければなりません。

目先の小さな欲にとらわれず、この国に誇りを持ち、さらに良い国にするために自分も何かさせて頂きたい、お役に立ちたいという大きな欲を持つことです。そうした大欲をもって堂々と生きるところにこそ、初めて神様のご加護があり、充実した人生がもたらされるようになるのです。

第３章

神様とともに守ってきたもの

神道は日本人の精神の拠りどころ

日本人の精神の拠りどころというと、やはり神道になるのではないでしょうか。仏教もありますが、歴史の点でいっても神道の方がはるかに長くなります。第1章でも述べましたように、神道が宗教かというと、ちょっと違います。けれども精神的な拠りどころとしては、意識するしないにかかわらず、日本人は神道とのつながりが深いと思います。

神道、仏教、キリスト教、一字でその宗教を表すとすれば、何になるか。いろんな説はあると思いますが、キリスト教だと「愛」です。仏教は「空」になるそうです。神道はというと、これは私の見方ですが、「清（浄）」だと思います。『日本書紀』によると、天武天皇は、明・浄・正・直・勤・務・追・進の八つの徳目をもって冠位の名称として定めたことが記されています。これらは全部大事なのですが、とくに「浄」、つまり清らかであるということが大事であると思います。

「セイ」という音は、「清」「聖」「静」に通じます。神道の場合、他の宗教と比べるとすごく静かであることも特長です。宗教的儀式にしても、外国では音楽を奏でたり楽器を使ったりします。あるいは、いろんなダンスをしたり、けっこううるさかったりします。色彩も原色系とか、キンキラキンとか、そういうものが多いですよね。それとは対照的に、神道は無垢《むく》の白木が好まれます。あくまで自然のままというか、あまり華美な色を使いません。

派手な色を使うのは稲荷の朱《あか》い色くらいです。また神道における祭祀は、非常に静かであり、祝詞を奏上する以外は、終始無言です。

神道には〝お祓《はら》い〟というものがあります。キリスト教でも一部では〝悪魔祓い〟があるみたいですが、基本的にお祓いというのは神道の中核をなす儀式というか、ふだん私たちが接する神道の儀式でも一般的に行われています。誰でも一度ぐらいは神主さんからお祓いを受けたことがあるのではないでしょうか。

年に二回、６月30日と12月31日は全国の各神社で大祓祭が施行されます。半年の間に溜まった罪や穢れを神様に祓って頂いて、また元の清らかな状態に戻る。そういう儀式が伝統的に行われています。

どうしても人間、生きていく上で汚れや穢れは溜まってくるものなので、それを定期的に祓いましょう、常に清浄な氣を保ちましょうということです。神道には教義はありませんから、いちいち意味については説かないけれども、つきつめていくと神様に通じるようになっています。

神主さんが幣《ぬさ》を振って祓い清めるというのは、別にホコリをはたいているのではなくて、魂を清めるということです。表面的にも内面的にも、霊と体、両方清らかでないといけないというのが、日本人の価値観なのだろうと思います。だから日本人のことを昔から「神《しん》州《しゅう》清潔《せいけつ》の民《たみ》」というわけです。この言葉は日月神示にも出てきますし、本来、そうあるべきだと思うのです、現代人は昔の日本人と比べると肉体の面でも魂の面でも穢れてしまっていますが、「神州清潔の民」と言われた元の姿に戻っていかなければならない。またそうなることで、より神様からのパワーを受けやすくなると思います。

トイレを清潔にする理由

神社に限らず、家や職場でも、変な邪気を受けないようにするために、清浄の氣を保つことは大事なことです。とくにトイレを綺麗に保つことは重要です。水場は必ず霊的なものが絡《から》むので綺麗にしておく必要があるのですが、トイレは最も汚れやすいところです。

そういう場所を清潔に保つことが、家運や社運を上げ、邪気を呼ばないことにつながります。

例えば、その会社が伸びる会社かどうかを判断する際に、まずその会社のトイレを見るというコンサルタントもいます。トイレが綺麗だと他もキチッとしている。見えないところでもごまかさない、約束は守るといったところなどにも通じている。だからすぐに業績が伸びなくても、だんだん運気が上がっていく。社内も明るくなる。必然的に良い氣を呼び込みやすくなるということなのです。

今いろんな「お掃除」をテーマにした本が売れているそうですが、多くの人が清潔にすることや整理整頓に関心を持つのはとても良いことです。中には、自分の机回りが乱雑なほうが仕事がしやすいとかいう人もいるのですが、それでもある程度は整理するという「クセづけ」は大事だと思います。

神社や仏閣では、年末には煤《すす》払いというものを総出で行います。こういうところにも日本人の綺麗好きは現れていると思います。

ところが、海外では掃除の事情が異なるのです。アメリカの高校に留学した時に驚いたのは、生徒たちが掃除をやらないのです。日本の場合、授業が終わって掃除をみんなでやるのが当たり前ですが、アメリカで「掃除をしなさい」というと逆に怒られてしまうのです。「掃除の専門の人が仕事で入っているから、彼らの仕事を奪うことになる」と言われたこともあります。

だからアメリカでは、みんなで一緒に掃除をするという概念がないのです。私は自分の教室は自分たちでキレイにするのが当たり前だし、すごくいい習慣だと思うのですが、外国の人にそれを教え込むのは大変です。日本人は当たり前にゴミを持ち帰ったりしますが、あれも子供の時から自分で持って来たゴミは自分で処理するクセがついているから、違和感がないのです。

日本人のキレイ好きはけっこう年季が入っているようです。織田信長の時代に来日したある宣教師の日記に、どこかの貧しい家を訪ねてみたら、「家の中があまりにキレイで、どこにタンを吐いていいかわからない」と記してあったそうです。その宣教師の国では、タンを家の中に吐く習慣があったということです。当時は一般庶民の暮らしは貧しかったと思いますが、宣教師はそれでもその清潔さに驚いたわけです。日本人は昔から、土足で上がらないとか、家の中は清潔にするといったことが、貧しい家であっても普通に実践されていたということでしょう。

神様を軽んじると思わぬ厄災も

　話は変わりますが、昨今の山の事故を見るにつけ、私としては、山の神様、とくに富士山の神様は、お怒りになる寸前じゃないかなと思っています。これも日本人が大事にしてきた清浄な氣を保つということが乱れていることと無縁ではないと思うからです。

　というのも、日月神示を読んでも、富士はいつ火を吹くかわからんぞとか、富士は日本の山で汚してならん御山だから人民登れんようになるとか、書いてあるのです。

　いずれ遠くから遥拝《ようはい》するようになると。富士山は神の山であり、日本一の霊山ですから、軽い気持ちで登ってはいけない聖なる山なのです。今は誰でも気軽に登れますし、平気でゴミを捨てたり、外国人の中にはトイレでもないところで用を足したりするような人もいると聞きます。本当にバチ当たりだなと思うのですが、それは登れるようにしてしまっているから、行ってしまうわけです。

　日本が本当に神の国として甦った時には、富士山は登れなくなると思います。特別な機会に特別な人が登るだけになるのかもしれません。でもそれが本来の姿なのです。私は今の「山登り」はあまり好きではありません。険しい山に挑戦して、山頂に立つと「征服した」って言うでしょう。あれは人間のおごりではないでしょうか。

本来、聖なる山であれば麓《ふもと》から遥拝するのが当たり前なのです。昔は山そのものが御神体でしたから、富士山でなくても簡単に登ってはいけない。今でも御神体山とされている山はありますし、頂上に奥宮があったりしますけど、神職の方がきちんと神事を行い、特別な人しか登れないようにするべきでしょう。

富士山は日本一の霊峰ですから、当然そうすべきです。ところが現実は、登山者が数珠《じゅず》つなぎ。あんなにたくさんの人が登れば、ゴミも出ますし、トイレもするでしょう。人が行けば行くほど山は穢れるのです。近い将来、富士山はまた噴火するでしょうが、その時は溶岩で焼き払われて、埋め尽くされるかもしれませんね。

噴火と言えば、2014年に起きた木曽の御嶽山の噴火が記憶に新しいところです。あの噴火は、頂上の奥社の閉山祭をやった後に起きたことなのです。閉山祭をやったからには、本来なら登ってはいけないはずですが、登山ができるようになっていた。亡くなられた方には大変気の毒ですが、配慮が足りなかったと思います。ちなみに、御嶽山麓の御嶽神社の御祭神は国常立尊《クニトコタチノミコト》です。国常立尊は大本《おおもと》(教)の「大本神諭」や「日月神示」を降ろした神とも言われています。

もしどうしても登る場合は、尊い山に登らせていただくという気持ちで、ルールに従い、ゴミは持ち帰るといったマナーを守り、山を征服してやるなんていう気持ちじゃなくて、失礼ながら登らせていただきます、申し訳ございませんという厳粛な気持ちで登るべきだと思います。

神様と波長を合わせていれば、そういう目には遭《あ》わないわけです。神様のお言葉に、飛行機でも神を祀っていれば落ちることはないという記述があります。海の事故にしても空の事故にしても、きちんと神様をお祀りしていれば、事故は避けられるのです。

船によっては、神棚をちゃんと備えている場合もあるそうです。できれば飛行機にも備えてほしいです。飛行機ですと、空から見下ろす形になるから備えていないのかもしれませんが、本当は小さな神棚を備えた方がいいのです。

ちなみに、富士山の真上って、飛んではいけない場所とされています。昭和41（1966）年のことですが、英国航空の旅客機が、富士山の真上を飛んで空中分解して墜落した事故がありました。乱気流とか、磁場の乱れとかが実際にあるらしいんですけど、それ以来、富士山の真上を飛行するルートは避けることになっているのです。当時の記事を引用します。

英国旅客機、富士山ろくに墜落
大惨事あいつぐ狂った空一二四人全員死亡
ボーイング707 乱気流?・空中分解
カナダ太平洋航空機が羽田空港で六十四人の命を奪ってから十八時間後の五日午後二時十五分ごろ、BOAC(英国海外航空会社)のボーイング707型ジェット旅客機が、富士山麓ろくの太郎坊付近に墜落、乗員、乗客百二十四人全員が死亡する惨事が起こった。
(毎日新聞　昭和41〈1966〉年3月6日)

一方、昭和61(1986)年に起きた伊豆大島の三原山噴火の時は、全島民一万人以上が避難することになりましたが、怪我人や死者もなく、また戻ることができました。島民たちはそういう目に遭っても、感謝しながら山と共に住み続けてきたわけです。不思議なことに、あんなに激しい噴火でも、山頂の三原神社は被災しなかったそうです。

落書きが治安を悪化させる理由

街に落書きあると治安が悪化するのも同じ理由で、汚い、穢れたところには邪気が発生するからです。邪気があるからそこに邪《よこしま》な連中が吸い寄せられます。清潔にすれば邪気が払われて、そういう連中も近寄りがたくなります。ですから、罪を犯した奴を捕まえればいいということではなくて、その前に、街をキレイにして清浄の氣を保つということが大切なのです。

日本の国土と自分がつながっているという感覚、あるいは日本と自分との一体感を持っていれば、ゴミを捨てるという気持ちは起こらないと思います。自分自身を汚すようなものですから。何も気にせずにポイポイ捨ててしまうということは、国土の神様とつながっていないということだと思うのです。そういう人はどうしても運気が下がるし、いくらパワーをいただきたいと思っても、いただけないのです。逆に、日本の国土としっかりつながっていれば、黙っていてもパワーはもらえます。

ここで言う国とは、政治システムではなくて、日本という国土です。歴史とか自然環境も含めて、全部つながって今日の私たちがいる。その「国」という概念を徹底的に断ち切ったのは、戦後です。GHQによる占領政策もそうですけど、戦後の学校教育がとくにそうです。国という概念を持つことは良くない、とにかく個人が大事だ、自分が大事だと。それは個人主義であり、利己主義です。国とのつながりを切って、公の精神も否定して、個人に重きを置いた結果、自分さえよければいいということになってしまった。日本人がそこまで落ちてしまったのも、結局は教育が根本的に狂ってしまったからだと思います。

国土を大切にするというのは、日本が島国だったためにそういう精神を育んだとも言えます。そうせざるを得なかったわけです。大陸だったら、ここがダメだったら次に移ればいい。この場所で食いつくして、住めなくなれば、別の場所を探せばいいとなる。大陸の狩猟民族と違い、日本人は農耕民族ですので、その土地に根づいて生きなければいけない。自分の住む土地を大事にし、幾世代にもつないでいかなければいけませんから、必然的に循環の思想が生まれます。日本人は数千年にわたり、そうして生きてきたのです。

今、世界中で環境破壊やエネルギー、食糧などの問題が深刻になってきていますが、そうした日本人の循環的な思想や生き方は、参考モデルになると思います。というか、そこにしか問題解決の道はないのです。

青森の三内丸山《さんないまるやま》遺跡は、今から約5500年から4000年前に人々が定住していた跡を示す大規模な縄文遺跡です。そんなに長い期間にわたり人々が住んでいたということは、それだけ循環させる仕組みの共同体があったわけです。そういう知恵の蓄積が、私たちのDNAに受け継がれていると思うのです。

最近ニュースで報じられたアマゾンの大火災も、結局は焼き畑が原因だそうです。熱帯雨林を畜産の飼料作りのために伐採して、焼き畑をやって広げていた。つまり原因は人類の過度な肉食、飽食にあるのです。

「エントロピーの法則」で世界的に有名になったジェレミー・リフキンは、『脱牛肉文明への挑戦』の中で「ハンバーガー1個作るのに5平方メートルのジャングルが失われた計算になる」と書いていますが、まさにああいう形で熱帯雨林に火災が起きて、世界中が「これは大変なことになる」と危機感を抱いているのも象徴的な出来事だと思います。

自然（国土の神）と共に繁栄してきた日本

文明の発展と自然の循環。これら両方を上手に合わせてやってきたのが日本なのです。今でも国土の7割は森林です。植林事業にもいろんな問題はあるものの、国立公園や国定公園、あるいは神社の御神域という形で広大な自然が守られています。

第1章でもお話ししましたが、世界で代表的な文明が栄えたところというのは、滅びた後は砂漠になっています。欧米人は、自然を切り開いて、石造りの巨大な建造物のような人工的なものをバンと築くことが文明だと思っているのかもしれません。

日本の場合は、逆に自然に溶け込むようなものが良いとされるわけです。神社もそうです。鎮守の杜《もり》と呼ばれるように、森や山や川などの自然と一体なのです。

伊勢神宮の神職の方から聞いたのですが、内宮の宇治橋から正宮につながる参道ってけっこう長いんですけど、クネクネしていて、大きな木をよけながら道をつけているのです。つまり、天皇陛下といえども木をよけながら通るのです。これが西洋だったら、王様が通る道なら「木なんか邪魔だ。切ってしまえ」となって、まっすぐな道を作ります。

ベルサイユ宮殿も美しいですが、幾何学的にきっちり作られています。でも、日本の皇居はまるで違います。自然の楽園みたいになっていて、屹立するような建物はありません。

そんな日本という世界でも稀《まれ》な恵まれた地を受け継いで、後の世に受け継いでいく私達の日々の心得として大切なのは、外側だけでなく内側からも綺麗になるように努めること。そして国土の神様とつながりを持つこと。自然と共存し、循環する仕組みを世界に発信することも必要ではないかと思います。食べ物をとってみても、外国産のものより、なるべく日本のお土から生まれたものを選ぶようにする。つまり、国産のものということです。今は慣行農法でいろいろと問題がありますが、なるべく日本の土から採れたものをいただいた方がいい。内面からもキレイにしながら、掃除や整理整頓を心がける、外面と内面、両方やれば間違いないと思います。

都会人より田舎の人が元気だったりするのは、田舎に行くとほぼ自給自足ができてしまうということにもあると思います。自然の水もあるし、野菜も自分で作っている。魚だって獲ったばかりの新鮮なもの。一番贅沢なのはそうした暮らしかもしれません。田舎ではずっと昔から自然と共に、その土地を大切にしながら生きている。結果として、神様と波長を合わせることになっているわけで、そうなれば放っておいても弥栄《いやさか》えていくことになるのです。

第４章

神社に行って何を祈るか

きっかけのその次、その先を考える

昨今は神社巡りが人気で、その背景としてパワースポットだとか、ご朱印集めなどがあるようです。人はなにがしかの御利益を期待して、神社に詣でるということは、これまでの章で述べて来たとおりです。

私も最初はそうでした。高校生の頃から、神様だとか宗教めいた話は好きではなく、どちらかというと神様の存在なんか信じないし、真っ向から否定する方でした。当然、神社や神道のことなどに関心はありませんでした。

しかし20代に入ってから、自分の運を開くためには神をも味方にしなければいけないのではないかと思うようになり、嫌って避けるばかりでなく、ちゃんと勉強しようと思うようになりました。そんな時、縁あって神道系の新宗教に入信することになりました。

冒頭にも書きましたように、神様を信じ始めた最初の時に何をしたかというと、宝くじを買ったのです。「これは当たるかもしれない」と本気で思いました。当たったら、それを元手に世の中の役に立つ事業を興そうとか、いろいろ考えました。自分のために使うわけではなく、世の中のために使うのだから、きっと当たるぞと。なけなしの金をはたいて10枚か20枚買いました。22、３歳の頃だったと思います。

ところが結果は、かすりもしませんでした。それこそ、１００円も当たりません。この一回の経験で、信仰とはそういうものではないんだということに気づきました。その時は本当に当たりそうな気がして、わくわくしたものです。たわいもない、私の失敗談ですが、今のパワースポットブームもそれに近いような感じがします。

「○○の神様。信じますので、私の願いを叶えてください。どうかお願いします」というのが、たいていの人が祈っていることでしょう。人を呪うような、「あいつにバチを当ててください」という悪い祈りをする人はあまりいないと思います。ほとんどは、本当に庶民的な願望とか、自己実現みたいな内容ではないでしょうか。

家内安全とか学業成就、商売繁盛とか病気平癒といった様々な願い事、それ自体はべつに悪いことではありません。しかし願い事を実現するには、ただお願いするだけではダメなのです。とはいえ、神社に関心を持つことが、そういうことに気づくきっかけになればと思います。

真剣に願ったのに叶わなかったといって、「神様なんてやっぱり迷信だ、いるはずがない」となって終わってしまうと、本当に自分の願いや思いとは逆の方向に行ってしまうことになります。

「今の自分では神様に通じないんだ」という思いに至った時、ではどうすればいいのか、ということです。何事も、安易な道はありません。神様に通じる己になるには、やはり一歩一歩自身で魂を磨く努力を重ね、霊的に成長していくことに尽きると思います。パワースポットがそのきっかけになるのであれば、それもいいのではということです。

創建の古い神社ほど氣が高い

ともあれ、パワースポットをきっかけに、神社に関心を持ったその次の行動として、古い神社を調べ、訪ねてみるといいと思います。日本の古い神社には、いつ創建されたかわからないものが多くあります。おそらく神道という言葉さえなかった時代から信仰を集めていたと思われるからです。お宮も鳥居もしめ縄もなかった頃は、山とか岩や樹、土などの自然そのものが神聖視されていました。

日本は山岳国家であるためか、山を御神体としているケースが多くあります。山を拝むために麓にお宮を建てたことが創建の由来、という神社です。例えば丹波一ノ宮の出雲大神宮は、背後にある御陰山が御神体とされ、国常立尊《クニトコタチノミコト》が葬られたという伝承（『富士文献』）があります。

出雲大神宮から北にある皇大《こうたい》神社は、元伊勢の一つとしても知られますが、その背後にある日室ヶ嶽は、綺麗な三角のフォルムを成す山で、遥拝所から拝めるようになっています。一時期、日本のピラミッドと騒がれたこともありました。

八幡社の総本山、大分の宇佐神宮もそうです。御許山《おもとさん》という山が御神体で、その山頂近くに奥宮があります。昔の人は、何らかの理由があって山を神聖視し、これを遥拝するために神社が建てられたのでしょう。今は神社のほうが主体になってしまっているようですが、本当は山が重要なのです。そういう神社の多くは、創建年代が不詳というくらい古い歴史を持っています。

お住まいの各地でそういう神社があれば、歴史を調べてみるといいでしょう。人は生まれた土地の気を受けながら育つわけですから、自分の現在住んでいる地域や、生まれ育ったところに、御神体山を持つような創建の古い神社があれば、ぜひ深く知っておくべきです。

霊山と呼ばれる山は関西地方に多いようですね。関東地方にもところどころに霊山とされる山はありますが、その最大にして最高の御神体山は、霊峰・富士山になるのかもしれません。関東は平野部が多いこともありますが、富士山のスケールの大きさが、関東の広い地域における霊山となっている面もあると思います。

東北であれば岩木山の麓にある岩木山神社ですね。ここは水がとてもきれいなところです。私も参拝に訪れたことがありますが、とても心地の良い、癒される神社です。

西日本に霊山が多いのは、古代において西日本が栄えたことも関係していると思います。住んでいる人も多かったため、霊山とされた山も多かったのでしょう。

有史以前の縄文時代になると、歴史書などの記録はないわけですが、西日本よりも東日本が栄えていた時期もありました。青森にある三内丸山遺跡はその象徴です。縄文時代の日本列島に住んでいた人たちは、現代人よりはるかに感性が優れていて、霊的にも敏感だったと思います。後に神社が建てられるような場所は、波動が高いということがわかっていたのではないかと思います。

また、三種の神器の一つである草薙剣《くさなぎのつるぎ》を御神体として祀る熱田神宮のように、日本の神社では「物」が御神体になることもあります。これは形ある「物」というより、そこに宿る霊力を神聖視するものです。

比較的に創建の新しい神社でもエネルギーの高いとされているところもありますが、それよりも創建不詳と言われるくらい古い神社の方が、高いエネルギーを感じる人が多いようです。

富士は神の山

御神体としての山と言えば、もっとも有名なのは言うまでもなく日本一の山、富士山ですが、日月神示によれば、「富士山」だけが「富士」ではないようです。「富士とは神の山のことぞ。神の山はみな富士と言うのぞ」（『上つ巻』第５帖）とありますので、「神の山」とされる霊山などは、富士ということになります。

全国には、「〇〇富士」と名前のつく山が非常にたくさんあります。郷土富士と言われるものです。筑紫富士とか榛名富士とか蝦夷富士とか。南から北まで、富士山に似ていることからつけられた「〇〇富士」は、全部で２００ぐらいあるそうです。こうした山々はすべて「神の山」なのでしょう。

日月神示では、神の山から石を頂いてきて祀りなさいと出てきます。

「富士から流れ出た川には、それぞれ名前のついている石置いてあるから、縁ある人は一つずつ拾って来いよ、お山まで行けぬ人は、その川で拾って来い、御霊《みたま》入れて守りの石と致してやるぞ」（『下つ巻』第十六帖）

「○○富士」と呼ばれる山でなくても、御神体とされている山であったり、霊山と呼ばれたりしている山は日本には無数にあります。そういう山には入らずとも、その山から流れてくる川で拾ってこいとあります。行ってみると、縁ある石というのは自分にはわかるものだそうです。

通常は、神社からお札《ふだ》を頂いてきて神棚に祀ります。それも良いのですが、日月神示には「石を祀れ」と何ヵ所も出てきます。これはおそらく、神道という形がつくられる以前、縄文時代の頃に存在した原初神道の祭祀形態を表しているのではないかと思われます。

その頃は、石や岩を祀り、周りに常緑樹を植え、神の降臨を賜る斎庭《ゆにわ》をつくる「神籬磐《ひもろぎいわ》境《さか》」という祭祀のやり方が一般的だったと思われます。社殿はもちろん、鳥居もしめ縄も手水舎などもない頃の祀り方です。日月神示はそうした古い祭祀形態を復活させよと言っているようです。それで私は、日月神示のことを「縄文神道」とも呼んでいるのです。

和魂と荒魂

神道における霊魂観では、人の魂は四つに分かれると言われています。荒魂《あらみたま》、和魂《にぎみたま》、幸魂《さちみたま》、奇魂《くしみたま》の四魂《しこん》です。

詳しい解説は省きますが、そのうち幸魂と奇魂は和魂の一つの現れでもありますので、大きく分けますと人の魂とは、「和魂」と「荒魂」の二つで構成されるということになります。和魂とは和する心、荒魂は武の心です。両方備わって初めて一つの霊魂として完成するのです。

日本は古来、「大和」とも呼ばれます。古事記には、倭建命《やまとたけるのみこと》が詠《よ》んだとされる「大和は国のまほろば たたなづく青垣山ごもれる 大和しうるわし」という歌が出てきます。「和」というのは日本の国を代表するような概念ですし、全国の神社も、基本は「和」にあるのではないかと思います。

一方の荒魂というのも、重要です。伊勢神宮や大神《おおみわ》神社などの由緒ある神社では、その神様の荒魂を別にお祀りしています。伊勢神宮の内宮には、正宮《しょうぐう》の後方に「荒祭宮《あらまつりのみや》」

という神社があります。そこには天照大御神の荒魂である天照坐皇大御神荒御魂《あまてらしますすめおおみかみのあらみたま》が祀られています。

外宮にも正宮の南側にある小高い山の上に、多賀宮《たがのみや》という神社があります。こちらは豊受大御神荒魂《とようけのおおみかみのあらみたま》をお祀りしています。

奈良の大神神社もそうです。主祭神は大物主神《おおものぬしのかみ》ですが、その摂社である狭井《さい》神社は、大物主の荒魂である狭井坐大神荒魂《さいにいますおおみわのあらみたま》を祀る神社です。

概して荒魂をお祀りしている神社は、エネルギーがとくに高いと言われます。霊能者の方々もよく訪れるようです。

ロシア科学アカデミーが「世界一の超能力者」と太鼓判を押したブルガリア人のベラ・コチェフスカさんという霊能者のことは、たびたび拙著にてご紹介しているのでご存じの方もいらっしゃるかもしれません。日本のテレビ局をはじめマスメディアの招聘《しょうへい》で二度来日し、伊勢神宮や奈良の明日香を訪れたことがあります。

ベラさんは、日本の古代史のことなどまったく知りませんし、予備知識などもゼロなのに、「竹内文書」によく似たことを語るのです。神様が教えてくれるのだそうです。自分は前世で日本人だったといいい、ぜひ日本に行きたいという念願が叶って来日されたのですが、日本を訪れたらどこに行きたいかとクルーが尋ねたところ、一番大きなお宮に行きたいというので、それじゃあ伊勢神宮だろうということで、伊勢に行くことになったのです。平成４（１９９２）年11月末のことでした。

ベラさんに異変が起きたのは、外宮のご正宮を参拝した直後です。背後の山にある石段を引っ張られるように駆け上がっていくと、そこはあったのが多賀宮でした。御神前に進み出たベラさんは、感激のあまり突然、地面に両手をつくと、ハラハラと涙を流したのです。警備員さんの「困ります、やめてください」という静止も聞かず、ただ突っ伏して祈りを捧げたのです。

やがて顔を上げると、ベラさんは、

「こんな聖地はない、ここには全世界の人がお祈りに来なくてはならない」

と言ったそうです。「ここ」っていうのは伊勢のことなのか、外宮のことなのか、多賀宮のことなのかわかりませんが、それほどに何か強烈なものを感じたようです。

今、お伊勢参りブームで大勢の参拝客が伊勢神宮を訪れていますが、だいたいが内宮の正宮でお参りして、あとはおかげ横丁でお土産を買って帰るという感じかと思います。それではもったいないので、内宮に参拝された際には、ぜひ荒祭宮にも参拝してほしいと思います。

また、内宮だけでなく外宮にも参拝してください。その際は、正宮の向かい側の小さな山の上にある多賀宮にも足を運び、ご神気を感じてください。

なお、荒魂というと「荒々しい」というイメージを思われるかもしれませんが、これはもともと「荒」ではなく、「顕」ではなかったかとする説があります。「荒ぶる」の「アラ」ではなく、「顕われる」の「アラ」ですね。日本を代表する民俗学者として知られる折口信夫《おりぐちしのぶ》もそういう解釈をしていました。

神が人間の前にその意志を顕わにする時というのは、だいたい警告とか戒告の意味があることが多くなります。あまり、褒めるような時には出てこないんですね。「このままでは、いかんぞよ」みたいなメッセージを伝えたくて意志を顕わにするということです。

日月神示もそういうものです。その記述が荒々しく思えたり、厳しいと感じたりする人もいるようですが、日月神示もいわば荒魂の発動と言えると思います。

古代にはこういう御託宣《ごたくせん》がたびたびあったのではないかと思います。この時、神は人の前に顕れる。「顕《あ》レ魂《みたま》」として出てくるわけです。こうした怒れる神の意志を畏《おそ》れ、これを鎮めようとして、あるいは、その意志をきちんと受け取る場所として、「荒魂（顕魂）」

を別に祀ったのではないかということです。

荒魂を特別に祀っている神社は、神様がその意志を人に伝え、人はそれを受け取る窓口みたいなところなのかもしれません。霊的に敏感な人がそういう場所に行くとエネルギーを感じるというのは、道理ではないかと思います。

土地と水、街と神社

土地や地域にも、気のいいところとそうでないところがあります。神社と同様に、その土地の気が良いか悪いかを知るには水の状態や流れを見てみるのがいいと思います。水が清らかで流れが良い場所は、雰囲気も良いし、人を和ませます。霊的には、水環境のあるところには龍神（といってもピンキリですが）が棲むことになり、水環境を良くすればそういう面からの力を得て活気づきます。

東京の下町を流れる隅田川も、一時に比べてかなり綺麗になりました。それに合わせるかのように、隅田川周辺も店舗数が増え、おしゃれな街となり、さらにはスカイツリーができるなど、街の雰囲気や人の流れがずいぶんと変わりました。

隅田川に限らず、川が汚れていると、当たり前のことですが、人は嫌な気持ちになりますし、見たくない、近づきたくないと思います。これは霊的に言っても同じで、邪気を呼び込みやすくなります。邪気が入り込むとますます雰囲気は悪くなり、風紀や治安が乱れ、人が寄りつかなくなります。

街を永続的に活性化させたかったら、第2章でも述べたように、町を綺麗にすること、川や池などの水環境を綺麗にし、流れをよどませないことが大切です。それに加えて重要なのは、地元の神社を地域住民が大切にし、きちんと祭礼を行うことです。こうするだけで、街の雰囲気は明るくなります。新しい店ができ、人も集まってきます。人が集まればお金も集まりますから、街は活性化します。

街を活性化するには、行政の施策や交通網の整備など、現実的にはいろいろなことを考えなくてはなりませんが、表面的なものを工夫するだけではうまくいかないし、一時的な効果で終わってしまうと思います。場当たり的なやり方ではなく、永続的に人を呼び込むためには、街全体の氣を上げることです。そのために、まず水環境を綺麗にし、地元の神様を大切にしてほしいと思います。

古代の日本では、古氏族が何らかの理由で移動してきて、ある地域に定住する時、必ずその氏族の神社を建立していたようです。神社の名前や歴史を見ると、そうした氏族がやってきて、土地を開いたことがわかる場合があります。

見知らぬ地に移り住み、開拓した氏族には、必ずその氏族の神がありましたし、どこに住むにも神様と共に住むという感じですね。このように、古代の日本人は、常に神様と一緒にあり、共に栄えるという感覚があったのだと思います。しかし、近代になるとそういう感覚が薄れてしまい、人間だけのことを考えるようになり、神の存在を忘れてしまったのです。

近頃は、高度経済成長期に造成されたニュータウンの過疎化と高齢化が問題になっていると聞きます。それらのニュータウンには、神社がまったくないことも多いようです。ニュータウンを造成するにあたって、街としての体裁や機能ばかりを優先し、神社を建立するというところまで考えが及ばなかったのでしょう。そういうことに反対する人もいると思います。

もちろん、街がさびれる原因はもっと総合的なもので、神社がないことがニュータウン衰退の主たる原因とは言えませんが、古代から自然と共に、神と共に生きてきた日本人の生き方を慮《おもんぱか》れば、そういうことも考える必要はあるのではないかと思います。

今はニュータウンだけでなく、日本全体がさびれてきています。東京の中心部は活性化していますが、郊外に行けばそうでもないですし、地方となれば、その差は歴然です。

高齢化が進んでいることもありますが、昔に比べると日本人自体の氣が相当落ちたと感じます。とくに戦後は、灰塵《かいじん》の中から立ち上がって高度成長を成し遂げ、繁栄したように見える反面、日本人の劣化が急速に進みました。

これはとくに、GHQによる愚民化政策や左翼による歪んだ自由・平等思想などにより、精神面がないがしろにされたことが大きいと思います。さらに肉体面でも、食生活の欧米化と質の低下、ライフスタイルの変化により劣化が進行中です。精神と肉体、両面からダメージを受けた日本人は、いまや病人大国になりつつあるわけです。かつてのタフでしなやかな精神力と頑健な身体を持つ日本人を増やすことが重要です。

ともかく、ニュータウンの問題など氷山の一角です。街を活性化するためには、まずは街を綺麗にすること。水環境を浄化し、流れを良くし、かつ地元の神社を大切にして祭祀をきちんと行っていくこと。こうした街が増えれば、やがては日本全体が活気づくことにつながっていくのです。

お金だけでなく、お金に込められた真心を捧げることが大事

　神社を大切にする上では、神社と一体となっている鎮守の杜を守るということとセットで考える必要があります。神社を守ることが森や川を守り、環境を守り、生態系を守ることにつながっていくからです。繰り返しになりますが、戦後、神社は国家が管理するものではなくなったため、神社も他の宗教法人と同じく、自分たちで維持運営をしなくてはならなくなりました。そのため、経営がうまくいかない神社は、もともと御神域であった土地を切り売りすることになってしまったのです。こうして神社の土地は狭くなり、自然が失われていきます。神主さんが常駐しないところも増え、統廃合が進み、神社の数も少なくなっていったのです。

　神社は参拝客を増やし、利益を上げるということがあまり得意ではありません。だから私たちとしては、最初のきっかけとしてはパワースポットでもいいので、まずは参拝に行って、少しでもお金を落としてあげてほしいと思います。それが神社の維持費になって鎮守の杜が守られることにつながっていくからです。

言うまでもないことですが、神様としては、べつにお金がほしいわけではありません。お金に込められた真心を捧げることが大事なのです。よく「御縁がありますように」と「5円」のお賽銭を納める人がいますが、5円という額は、常識的に考えても少なすぎるように思えます。少ない額が悪く、大きい額なら良いというわけではありません。持ち合わせがないという時はそれでも構いません。それより、お賽銭にどういう思いを込めたかということで考えてほしいと思います。

5円なら5円で、そこに真剣な思いを込めたなら、その思いを神様が受け止めてくださるでしょうから、それでいいのです。ただ真剣な思いを込めるという時に「5円」というのは、あまりにも軽すぎるのではないかということです。本来、本気で祈りを捧げるのであれば、自分の命を捧げるぐらいの覚悟が必要なのです。

本殿に上がって正式参拝をする場合、玉串を捧げます。紙垂《しで》や木綿《ゆう》をつけた榊《さかき》の枝を参拝者（代表者）が奉納するわけですね。これを玉串奉奠《ほうてん》ともいいます。この時に「玉串料」も合わせて納めます。

これも現代では習慣化してしまっていますが、本来、玉串というのはこういうものではありません。日月神示によれば、玉串とは自分の一部を捧げることだといいます。さすがに肉体の一部を切り取るわけにいかないので、その代わりに髪の毛を切って納めます。
　お金を多く積めば神様と通じるのかというと、そんなことはありません。たとえ100万円を奉納しても、神様に通じるような真心が伴っていないと意味がないということです。金額云々よりも、どこまで神様に対して真剣になれるか。その証を立てるために自分の身体の一部である髪の毛を捧げるということです。それが日月神示で出てくる玉串の意味です。
「玉串に供えるのは衣《ころも》供えることぞ、衣とは神の衣のことぞ、神の衣とは人の肉体のことぞ。臣民を捧げることぞ、自分を捧げることぞ、この道理わかりたか」（『天つ巻』第13帖）
「玉串として自分の肉体の清い所、供え奉《まつ》れよ、髪を切って息吹きて祓いて紙に包んで供え祀れよ、玉串は自分捧げるのざと申してあろうがな」（『青葉の巻』第２帖）
　もちろん、毎回こんなやり方はできないので、正式参拝の際には従来のやり方でも十分なわけですが、要はそのような気持ちで神様と向き合うべきだということです。

三膳の食のうち一膳を捧げる

私たちは、神様に対して「パワーをください」「願い事を叶えてください」と一方的に要求するばかりです。神様からすれば、「ではお前は、神のために何をしてくれるのか？」となるところでしょう。

神様のために何かしたいと思っても、人間、大したことができるはずもありません。しかし、何もできなくとも「少しでもこの世の役に立ちたい」という思いぐらいはあるはずです。一番良いのは、自分のために祈るのではなく、自分以外の誰かのため、より大いなるもののために祈ることです。要は、無私の祈りです。私心《わたくしごころ》が無くなるほど、神に通じやすくなります。

神社で祈って終わりというのではなく、日常の祈りも大切です。イノリとは実践を伴って初めて力を持ちます。最も効果的な実践とは、食べ物を捧げることです。それが開運につながるのだと説いたのは、江戸時代に日本一の観相家と謳われた水野南北《みずのなんぼく》です。

南北翁は、〝運が悪くて難儀ばかりしているが、神に祈れば運が開くでしょうか〟という問いに対して、こう答えています。

「真心をこめて祈らなければ、神は感知してくれない。真心をもって祈るとは、自分の命を神に献じることである。そして食は、自分の命を養う基本である。これを神に献じるということは、自分の命を献じるのと同じことである。どうするかというと、いつもご飯を三膳食べる人なら、二膳だけにしておいて、一膳を神に献じる。といっても本当に一膳分を神棚なら神棚にお供えする必要はなく、心の中で念じればよい。自分が祈りを捧げたい神仏を想い浮かべて、その神仏に向かって、『三膳の食のうち一膳を捧げ奉ります』という。そうして自分で二膳を食べると、その一膳は神仏が受け取ってくれる。そうすれば、どんな願い事でも叶えられる。小さい願い事なら一年で、普通の願い事なら三年、そして大望《たいもう》は十年で叶うのである」

人が行きにくい場所にある神社はエネルギーも高い

この章の初めに、創建の古い神社はエネルギーも高いということをお話ししましたが、エネルギーの高い神社としてもうひとつ、人が行きにくい場所にある神社についてもお話ししたいと思います。比較的、人が行きにくい場所にある神社で有名な神社として、まず挙げられるのが、出雲大社です。

出雲という地域は、新幹線も通じていませんし、大都市圏からはちょっと行きにくい場所にあります。しかしその分、人の邪気に荒らされていないおかげで、劣化がそれほど進んでおらず、全体的に波動の良さを保っていると思います。

縁結びで有名な出雲大社に限らず、出雲地方には由緒の古い神社がたくさんありますし、今も大切に保たれていますので、出雲全体が良いエネルギーを持っているのです。そう考えると、交通網が整備されれば参拝客も増え、神社をはじめ地域の活性化につながるのかもしれませんが、その分、波動は落ちてしまうことにもなりかねません。痛し痒《かゆ》しというところなのですが、人があまり来ない山奥などの方が、良い氣が流れていることは事実です。

日本は世界でも有数のエネルギーの高い地場の国

これまでお話ししてきたように、全国至る所に神社のある日本は、パワースポットの密集地帯ともいえるかもしれません。一方、海外はどうでしょうか。

もちろん、海外でも有名なパワースポットがあります。例えば、イギリスのストーンヘンジ。２回くらい行ったのですが、不思議な場所で、神と人とがつながっていた時代を感じました。考古学者によると、紀元前２５００年から紀元前２０００年の間に造られたもののようですが、誰が何の目的で作ったのかはわかっていません。

他にも、エネルギーの高いところはたくさんあるようです。ストーンヘンジは人の手で造られた環状列石ですが、アメリカのセドナやシャスタ山などは、自然の造形そのものが聖地とされています。イエローストーン国立公園は、地面から間欠泉が噴き出していて、「エネルギーが溢れている」ことを目の当たりにできるところです。

イエローストーンは巨大なカルデラで、過去に三回ほど破局噴火を起こしています。周期的にはいつまた大噴火してもおかしくないそうで、地下ではマグマが活発に動いています。そのためにエネルギーも高いのです。

そういう意味で言うと、第２章でもお話ししましたように、日本は火山列島であり、全国至るところに火山があります。今は噴火していなくても、いつまた噴火するとも限りません。温泉が多いことがそれを物語っています。だから地震も多いのです。つまり、日本のどこにいようが、世界でも有数のエネルギーの高い地場の国に、私たちは住んでいるということです。

第5章

パワースポットで何を学ぶか

簡単に学べることはない

これまでお話してきたように、私は従来のパワースポットという考え方はあまり好みません。しかし、きっかけとしては、まず軽い御利益信仰みたいなところから入ることで、自分なりに何かを学んでいくのかもしれないとも思っています。そのきっかけになり得るという意味では、今日のパワースポットブームも意味があるのかもしれません。

ですが、パワースポット巡りをしたら自分が成長するとか、神社にお参りしたらハっと何かを学べるというものではありません。お参りはお参りです。実際に学ぶ場所は、人生という道場です。そこをはき違えてはいけないと思います。

仕事にしろ、学業にしろ、人間関係にしろ、その人の生き方のレベルを上げていくための学びは、人生を通じて、自らの努力で学んでいくものです。神社に詣でるのは、神様からエネルギーを頂きに行くというより、感謝と反省の気持ちでご挨拶に行く。至らぬ自分を常に見守り、御守護くださる神様に対して、お礼とお詫びを申し上げに行くのです。

神社は自分の欲を優先してお参りに行くところではありません。神様はすべてをお見通しなのですから、素のままの自分をさらけ出し、ただひたすら社会のためとか、日本のためとか、自分以外のもののために祈りを捧げて、良い世の中にするための一翼を自分にも担わせてください、そのためにお使い立てください、という心構えでお参りするのが本当は理想だと思います。最初からそういうレベルの心境に行き着くのは難しいと思いますが、自然にそのような心が湧いてくるように、人生という道場において魂を磨いていくのです。そうすれば、自分のことなどとくに祈らずとも、神様がちゃんと取り計らってくださいます。

普通、神社で祈る時には、「自分のお願いごと」を心の中で祈ると思います。商売がうまくいきますように、志望大学に受かりますように、といったように。しかしそれでは、自分を良くしてくださいと、おねだりに行っているようなものです。

日月神示には、「自分良くしてくれと申しているが、それは神を小使《こづかい》に思うているからぞ。大きくなれよ」（『黄金の巻』第77帖）とあります。

つまり、自分のことばかり祈るというのは、いわば「幼児」の祈り方なのです。小さい子供は、自分の要求しかしません。あれがほしい、これがほしいと、自分より人のことを優先して考えたりはしませんね。

神様に対する祈りも、それと同じことです。自分のことばかり祈るというのは、神様の目から見たら可愛いものかもしれませんが、やはりそういうのはレベルの低い祈りですし、上位の神様には通じないのです。

「自分の為ばかりの祈りには、自分だけの神しか出て来ない。悪の祈りには悪の神。善の祈りには善の神」(『春の巻』第14帖)

と神示にもあります。

良い祈り方というのは、自分のことはできるだけ祈らないことです。神様からすれば、その人が今何を求めているか、何が不足しているかということは、いちいち言われなくてもわかっているのです。善の祈りが自然とできる人には、こちらから求めずとも、しかるべき時にしかるべき形で、与えられるべきものが与えられるでしょう。まずはそういう己にならなければいけないということです。

ただし、絶対に自分のことは祈らないと片意地を張るのも、どうかと思います。本当に困った時や苦しい時には、素直に神様におすがりするのがいいのです。何でも自分でできると思ったら、それは思い違いであり、慢心です。

そういった祈り方のコツを学んでもらえればいいのですが、神職の人は教えてくれませんし、まして神道の学者さんたちも教えてはくれません。

基本的に、神社では何をお祈りしようが自由です。しかし、その祈りが通じる、通じないというのは、その人次第ということです。どこの神社がパワーが強いから心願成就しやすいなどということはありません。あるとすれば、それは低級なる霊の仕業です。

神社にお参りするのは良いことですが、何を動機としてお参りするのか、まずそこが重要になってくると思います。最初から何か良いことが自分に起きることを期待して行くのか、あるいは感謝御礼か、全体の幸福のための祈りのために行くのか。何かが欲しくて行くのか、それとも真心を捧げに（与えに）行くのか。どちらかでベクトルがまるで変わりますから、そこでまず別れてしまうのです。

敬虔に見えて我欲をむき出しにする行為

私が実際に見た神社参拝の一つの例を、皆さんでお考え頂きたいと思います。

真面目な人ですと、毎月一日と十五日とか決めて参拝に訪れます。私は最近、そう頻繁《ひんぱん》には訪れていませんが、十年ほど前は、毎月一日の朝には必ずと言っていいほど近所の神社に参拝していました。

その時、ちょうど私が参拝するのと同時刻に、おそらく近隣の会社の社長と社員さんたちなのでしょう、スーツ姿の集団が参拝に来るのです。毎月一日の朝によく鉢合わせすることがありました。社長さんが音頭を取って、二十名くらいの社員を引き連れて参拝しているようでした。

本殿前に整列し、代表者が前に出てお賽銭を入れ、何か祈願をしていたようです。会社としての今月の目標を宣誓していたような気もします。とにかく参拝中は、社員一丸となってお祈りをする感じで、真面目に手を合わせていました。

さて、この姿を見て皆さんは、素晴らしいと思うでしょうか。いかがでしょうか？

私は彼らと出くわすたびに、腹立たしく思いました。社長らしき人物を怒鳴りつけてやろうかとも思いました。それはなぜでしょうか。

彼らスーツ姿の二十人か三十人が本殿前に整列して祈願している間、他の参拝者はみんな脇で待っていなければなりませんでした。その中には杖をついたお年寄りもいます。お子さんと一緒に来られたお母さんらしき人もいます。遠方からわざわざ来られた方もいたかもしれません。みんな、このスーツ組の祈願が終わるまで、参拝できずに終わるまで辛抱強く待っているのです。

彼らは、そんなことにはお構いなしに、自分の会社の祈願をしています。他の方々の邪魔にならないように正面に陣取ることを避け、脇でやるといったような気配りもありません。祈願といっても、業績が上がりますように、全員目標を達成できますように、といったつまらない内容だと思います。

この社長はおそらく、良かれと思ってやっているのだと思いますが、要するに業績を上げたい（金をもっと儲けたい）がために参拝に来ているわけです。自分の会社の業績が上がればいいし、効果がないか、下がるくらいなら、もう神様になんか用はないわけです。

そんな祈願のために、無関係な他の人たちを待たせ、おみ足の悪いお年寄りも立たせたまま、我が物の顔に本殿前を占有するとは、言語道断ではないでしょうか。そんな祈願が神様に通用すると思うか！と社長をどやしつけたいところでしたが、それでは若い社員の前で恥をかかせてしまうでしょうし、まあ、毎月一日と決めて参拝に来るのは真面目といえば真面目ですので、神様もよしとしているのかもしれません。

この会社に限らず、世の中には、自分の会社さえよくなればいいという感覚を持った経営者が残念ながら多いものです。ほとんどがそうではないでしょうか。一見すると良いことしているように思える行為でも、その実《じつ》は、あくまで自己満足に過ぎないということです。

極端に言えば、毎月怠らずに参拝に訪れたにもかかわらず、業績が傾いたり、最後には倒産したりしたとしても、まだ参拝に行くかということなのです。社運が上がっても下がっても、どんな情況になったとしても、変わらない感謝の気持ちで神様にお礼参りができるか。それができたら本物です。

自分たちは神様に毎月欠かさずお参りしているから良いことをしている、だからきっと運気も上がるだろうという思い上がり。そこの根本的なところを、まず見直さなければいけません。

これは十年くらい前に私が見たささやかな出来事ですが、さすがにもうやっていないと思います。一年も続いたらいい方でしょう。たいてい、そんなには継続しないものです。途中で飽きたり、気が変わったりして、途中で辞めてしまうのです。もし十年以上、毎月欠かさずやっているとしたら、長い年月の間には業績の変動やトラブルなど、いろいろなことがあるでしょうから、継続していれば大したものだと思います。

しかし本当にそれくらい真面目に参拝したいのなら、ちゃんと昇殿して、正式参拝をすればまったく問題ないのです。他の参拝者の邪魔にもなりませんし、いくらか包まなければいけないので、神社の運営に少し貢献することもできます。

包むと言っても、決まった額があるわけではありませんが、相場としてはだいたい一人につき千円程度です。二十人で２万円、三十人なら３万円です。個人では大変ですが、会社ならそれくらい出せるでしょう。さらに、もしその社長さんが、業績に関係なく、毎年の売り上げ全体の１％を神社に奉納する、それを十年続けるなどしていれば、それは本当に立派なものです。そんなすごい社長さんに率いられる企業であれば、必ずや業界トップになり、その道の一流になれることでしょう。

どんな時でも寄付をするという精神

米国の「自動車王」として名を馳せたヘンリー・フォードは、バリバリの反ユダヤ主義者でしたが、篤い信仰心を持っていたようで、経営に苦労していた時代から、売り上げの一部を教会に寄付していました。やがて次第に成功を重ねるようになり、ついには世界を代表する自動車メーカーを築き上げたわけですが、成功してからも教会への寄付は欠かさなかったと聞いています。

フォードだけでなく、ロックフェラーも、カーネギーも、みんな下積み時代から教会に寄付していたようで、慈善事業にも熱心でした。それは対外的なイメージ作りという側面もあったかもしれませんが、実際に莫大な寄付を行っていたことは、学ぶべきと思います。

日本は寄付文化が根付いていないこともあり、企業で成功を収めて大富豪になっても、全部自分のものにしてしまい、寄付はほとんどしませんし、慈善事業にもあまり力をいれない傾向があります。

海外ですと、美術品を買い集めると、それらを皆が鑑賞できるように美術館を建てたりしますし、作品が劣化しないように修繕や保存にお金をかけたりします。しかし日本の大富豪は、誰とは言いませんが、買い集めるだけ買い集めて、どこか知られないところに保管してしまう。これは投機的な目的があると思います。情けないことですが、こういう成金根性が日本の金持ちたちにはあるのです。

話が逸れましたが、ほんの一部でいいので、自分の住んでいる地域の神社にいくらかを奉納（寄付）することも、運を開くコツです。それも大儲けしてからするのではなく、苦労している時から、何年、何十年と継続的に行っていく。そうやって神様との信頼関係を築いていくのです。「継続は力なり」と言いますが、苦労している時からずっと、諦めずにコツコツと続けて行くことが大切なのです。

神様から信頼される人は、人からも信頼されます。そういう人には様々な仕事がもたらされるでしょうし、自然と周囲から引き立てられ、栄えるようになります。考えてみればとても当たり前なことなのです。要は、自己中心にならず、世の中のため、公のために尽くす大きな心を持つこと。加えて、どんな苦難にもめげない強靭な意志と、忍耐力を養うことが、運を開き、成功する鍵と言えるのです。

生まれてから死ぬまで、お宮さんに通っていた

昔の人は日常の生活の中に神社とのかかわりがありました。生まれてから死ぬまで、事あるごとに、あるいはとくに何事もなくても、お宮さんに通っていたものです。子供の頃から神様と親しみ、しかもその関係が密接だったわけです。

今は次第にそういう風習がなくなってきました。とくに都会は神社との関係が希薄です。初詣だけは有名な神社仏閣は大賑わいですが。

昔の日本人がそうであったように、神様ともっと親しんだ方がいいと思います。親や先祖に接するように、機会あるごとに御挨拶に伺ったり、感謝の言葉を述べたりする。時々顔を見せるだけでもいいのです。

神社に限らず、パワースポットと呼ばれるところには、良い氣というか、波動のようなものが出ています。磁力の効果なのか、今話題のテラヘルツ波が発生しているのかわかりませんが、実際にそこにいるだけで癒されたり、体調が良くなったりした人もいます。

わかりやすい形でパワーやエネルギーを感じられる所といえば、温泉です。温泉につかればリラックスできますし、疾患が改善したりします。日本に温泉が多いということは、それだけエネルギーの高い国であることを表しています。

いわゆる「ゼロ磁場」と呼ばれるところもあります。岐阜県の分杭峠《ぶんくいとうげ》とか、有名ですね。私は行ったことはありませんが、そこに居るだけで元気になったりするらしいです。中央構造線が通っているためだとか言われますが、理由は何であれ、大勢の人がそう感じるのなら、そういう良いエネルギーが出ているのでしょう。

滝の場合もそうですね。マイナスイオンが溢れているといいますし、実際に癒しの効果はあると思います。放射性物質のラジウムが多く含まれる温泉としては玉川温泉が昔から知られています。欧州で言えば、オーストリアのバドガシュタインなどですね。こういう温泉地は放射線量が高いため、実際に治癒効果があります。

エネルギーの高い場所は、信仰の対象となっている場合もあります。もともと神社とはそういう場所に建てられているのかもしれません。でも、良い氣を求めて大勢の人が集まり始めると、場所にもよりますが、たいていは氣が落ちていくようです。良いエネルギーを得る代わりに、悪い気（邪気）を落としていくからなのかもしれません。そう考えると、あまりパワースポットだ何だと騒いでブームのように人が押し寄せることも、どうなんだろうと思ってしまいます。

エネルギーの強い地場のところに行くと、癒されるを通り越して、高熱を出して倒れるようなケースもあります。でもそれは、浄化とか、デトックス（排毒）の一環とだと捉《とら》えた方がいいと思います。何か良いことが起きると期待して行ったのに体調を崩して寝込んでしまったら、ちょっとがっかりですが、体の中から悪いものが出ていくデトックスを頂いたのだと受けとめ、感謝した方がいいでしょう。それは神社に参拝に行った時も同じです。本当に「良いこと」というのは、必ずしも我々の考えている「良いこと」と同じとは限らないのです。

お天道様は見ている

昔は誰の見ていないところでも、「お天道様が見ている」と言って、悪いことはしませんでした。人が見ていても、見ていなくても、天に恥じない生き方を心がけたものです。「お天道様が見ている」という心で毎日を過ごせば、不正なことはできませんし、自然に正直になり、誠実な生き方をするようになります。

外国人に比べると、日本人はまだそうした精神が残っていると思います。落とした財布が戻ってくる率が高いというのも、日本人のモラルの高さの現れでしょう。田舎に行くと、道端に無人の野菜販売所を見かけます。100円を自分で入れて持ち帰るようになっていますが、こういうことがなり立つのも日本ならではの風習です。でも、だんだんそうしたモラルも失われているようで、お金も入れずにごっそり持ち去る（つまり盗む）人もいるようです。私も電車に財布を置き忘れたことがありますが、その後、財布は見つかったものの、中を確認したらお札だけ全部抜き取られていました。

それでも、日本人のモラルの高さは、しばしば外国人から賞賛の的となります。まだまだ捨てたものではありません。日本人はとくに強い宗教心がある国民性ではないのに、このように高いモラルを維持できるのは、どうしてでしょうか。まさにこれが、新渡戸稲造《にとべいなぞう》が名著『武士道』を書く動機となったのですが、もしかすると私たちは無意識のうちに「お天道様は見ている」という思いを持っているのかもしれません。

であれば、その気持ちをさらに「個」から「公」へ昇華させることです。自分の住む土地を大切にしようと思う。地域社会や、国全体を良くしたいと思う。そういう方向に皆がベクトルを合わせていけば、日本はもっともっと良い国になります。

神社の奉仕活動を積極的に行うのも良いことです。自分の住んでいる近くには、だいたいその地域を管轄するお社《やしろ》があります。鎮守様とか氏神様とか呼ばれているところです。それは小さいお宮さんかもしれませんし、最近は神職の方が常駐せず、より大きな神社が掛け持ちで管理しているところも多いようです。そうした神社の境内の清掃を進んでやるとか、周辺のゴミ拾いをするとか、自分でできるご奉仕を実践することで、神様も大変喜ばれると思います。

ただし、あまり差し出がましいことはしないように注意してください。良かれと思って枝木を切ったり、お社の中に入り込んで何かを取り替えたりするのは、かえって迷惑行為になりかねません。掃除するくらいならいいのですが、それ以上のことは、そのお社を管轄する神社に相談してからやるようにしてください。

そうした奉仕を、自分の運気を上げたいがためにやるのではなく、ただひたすら純粋な気持ちでやることです。何か見返りを期待するのではなく、自分の両親の家を掃除するような思いで、日頃の感謝を込めて、「させて頂く」のがいいと思います。

それと大事なことは、少額でもいいので、神社にお金という面でも貢献することです。神社は鎮守の杜とセットになっていることが多いですから、神社が経営難に陥ると土地の切り売りを始めてしまいますし、森も失われてしまいます。実際にそうした自然環境を保全するために寄付を募っているところもあります。

お金の話になるとちょっとエグい感じもしますが、それも大事な貢献です。戦後は神社というのは国家の管理から離され、一宗教法人となりましたので、維持運営費は自分で賄《まかな》わなければなりません。そこに金銭面で貢献することも、鎮守の杜やご神域を守ることにつながるのです。

日本人の美徳を崩してはならない

誰も見ていないところでも真面目にやる。見えないところまできちんと手を抜かずにやるというのが、日本人が世界に誇るべきモラルの高さであり、美徳だったのですが、そういうものも最近は失われつつあります。

誰も見ていないからといってサボったり、わからないところで手を抜いたりする人がいるのは非常に残念です。とくに最近はそういう傾向があると感じます。

「陰徳」という言葉があります。誰にも知られないところで善い行いをすることが、徳を積むことになるという意味です。日月神示にも、

「善きことも現れると帳消しとなること知らしてあろが、人に知れぬように善きことはするのざぞ」（『日月の巻』第16帖）

「人に知れんように善いことつとめと申してあろうが。人に知れんようにする善いこと、神心《かみごころ》ぞ。神のしたことになるのざぞ」（『夜明けの巻』第７帖）

などと出てきます。

良いことをしたあとで、私はこんなに良いことをしたんだと自分で言ったら帳消しです。本当に良いことは、誰にも知られないようにするものなのです。

それどころか、今は誰も知らないところで手を抜き、嘘までついて人を騙すこともあります。マンションの鉄筋の数を間引いて、耐震性のデータを偽造したことが発覚し、裁判になったケースもありました。納期が迫っているとか、上からの要求がきついとか、やむをえず不正に手を染めてしまうこともあるのかもしれませんが、こういう歪んだ効率優先主義では、一時的に利益を得られても、長い目で見れば絶対に得はしません。帳消しどころか、大きな業《ごう》を背負うことになります。

我が家のマンションをリフォームした時の話です。一部の壁を壊したところ、その中から食べ物の包み紙とかペットボトルとかが続々出てくるのです。マンションの施工業者が、ゴミを捨てるのが面倒なのか、そのまま放り込んで壁にしてしまったということです。そういうことがあるという話は聞いていましたが、まさか自分の家もそうだとは思いませんでした。施工も販売も大手でしたので、信頼していたのですが、現場で作業を行う下請けか孫請けの業者がいい加減な仕事をしても、そこまでチェックできないと思います。

日本人のモラルも低下したものです。昔は、誰も見ていないところでも、人に迷惑をかけるようなことはやらないという最低限の常識を持っていました。だいいち、仕事に誇りを持つなら、プライドが許さないと思います。たとえ気づかれることのない裏側に至るまで、きっちりと丁寧に仕事をこなす。そういう心構えの人や企業は、あえてそれを主張しなくても、必ず評価されるようになります。

どうせわかりはしないと手を抜いて、表面だけ取り繕《つくろ》ってさっさと仕事を終えてしまうというのは、外国ではよく聞く話ですが、日本ではあまりないことでした。戦後、だんだん外国かぶれしてきたというか、悪いところも学んでしまったように思います。

さらに外国並みに落ちてしまう前に、私たちのご先祖様が昔からやってきたことに学び、日本人としての美徳を取り戻すべきなのです。

第6章

酒、煙草、肉食は運気を下げるのか

酒や煙草は避ぞ

酒と煙草については、注意が必要です。とくに今の煙草は有害な合成添加物が多く入っていますので、できれば吸わない方がいいに越したことはありません。医学博士であり心霊主義者であった塩谷信男《しおやのぶお》博士は、100歳を越えてもゴルフを楽しむなど、壮健なご長寿としても知られていました。私も一度お会いしたことがありますが、「煙草は百害あって一利なし」と断言されていました。

一方、お酒の場合は「百薬の長」とも言われますし、一概に悪いわけではありません。日本神話にも八俣遠呂智《やまたのおろち》退治のくだりなどでお酒が登場しますし、神社には御神酒《おみき》が必ずと言っていいほど奉納されるように、神道とお酒は切っても切れない関係にあります。

そうしたこともあり、酒に関しては一概に良くないとは言えませんが、同じ飲むなら、醸造用アルコールを混ぜるなどしていろいろと加工された酒より、より自然に近い形で発酵させたものがいいでしょう。ビールにも添加物が多く含まれるので、飲むなとは言いませんが、なるべく控えるべきです。

問題になるのは「量」です。お酒好きの人はついつい飲み過ぎてしまうからです。やはり、何事も度を越さないようにするのがベスト。「ほどほど」に嗜む分にはいいと思います。

日月神示でも「酒、煙草はダメ」とは書いてありません。ただ、

「酒と煙草も勝手に作って暮らせる善き世になる、それまで我慢できない臣民沢山ある」（『上つ巻』第2帖）

とか、

「人力屋、酒屋、料理屋、芸妓屋、娼妓《しょうぎ》、無く致すぞ、世潰《つぶ》すもとざぞ、菓子、饅頭《まんじゅう》も要らんぞ、煙草もクセぞ、善き世になりたら別の酒、煙草、菓子、饅頭出来るぞ、勝手に造ってよいのざぞ、それ商売にはさせんぞ」（『空の巻」第13帖）

というふうに出てきます。

「善き世」になった時にできる「別の酒、煙草、菓子、饅頭」って、どんなものなんでしょうね。気になりますが、新しい世になってもそうしたものがあるんだと聞いて安心する人もいるかもしれません。今のところ、それが何かはまったくわかりませんが、きっと美味しくて体にも良いものなのでしょう。

外国の宗教でも、たとえばイスラム教の場合、飲酒は一切禁止です。イスラム教系の新宗教であるバハイ教もそうです。イスラム教における大本教のような宗教がバハイ教ですが、信者だった友人と食事をした際、「酒は魂の毒」だと言ってかたくなに飲まなかったことを覚えています。ちなみに私も酒は飲みませんので、すべての酒がこの世から無くなっても、禁酒法が布《し》かれても、一向にかまわないのですが、一般的には庶民の楽しみとされているので、ダメとは言えませんし、私はむしろ世の中にはそういう楽しみがあってもいいのではないかと思います。

ただ、煙草に関しては、いくら庶民の楽しみでも、害があることは間違いないわけですから、吸うべきではありません。今では副流煙の害も強調されるようになり、禁煙化が進んでいます。これは当然のことで、日本はまだまだ遅れているのではないかと思います。

私も一時期は吸っていたことがあったのですが、二十年ほど前にピタリとやめました。食事の後に一服したいとか、気持ちはわかるのですが、今更ながら良くないことをしていたものだと思います。今では大のつく嫌煙家です。煙草を一切禁止にすることが難しいのなら、一箱千円くらいにして、たっぷり税を課せばいいのではないでしょうか。もちろん、「体に良い煙草」なんてものができれば、その限りではありませんが。

食品添加物だらけで、身体も酸化

酒、煙草以外の嗜好品も、よく注意して選んだ方がいいと思います。神示にも「菓子、饅頭」と出てきますが、現代の菓子類にはいろいろと問題があります。保存料や着色料などの合成添加物は、ほとんどどんなものにも使われているからです。

大量生産されて全国に流通しているようなものは、できるだけ食べない方がいいと思います。パッケージの裏を見る習慣のない人は、ぜひ原材料表記を見てみてください。添加物の名称がびっしりと書かれています。それらの添加物はごく少量であり、健康にはなんら問題ないとメーカーは言うでしょうけれども、毎日毎食、そうしたものを食べ続けたら、いつか体に変調をきたします。

お菓子についても、食べないで我慢するより、できるだけ自然食に近いものを選ぶようにするといいと思います。精製された砂糖も良くないので、そうしたものは避ける方が賢明ですが、絶対に摂らないというのもなかなか難しいので、黒砂糖とかてんさい糖とか、精製されていない自然の糖が使われているものを選んだ方がいいと思います。

現代の食べ物は、そのほとんどが体を酸化させることがわかっています。酸化というのは、簡単に言えばサビること。病気になるのも酸化だし、老化も酸化です。その反対が還元になります。還元とは甦ることであり、若返りでもあります。要するに、体に悪いものとは酸化させるもの、体に良いものとは還元させるものとみればいいでしょう。

その食べ物が体を酸化させるものか還元するものかということは、食べた後の唾液の酸化還元電位を測定することでわかります。「ORP（Oxidation Reduction Potential）リーダー」という計測器が開発されており、これは特許庁も認可しています。酸化還元電位を測る器械には様々なものがありますが、唾液を綿棒でちょっと採取することで簡単に、しかも正確に測定できる器械があるのです。

ORP測定では、数値がマイナスに行くほど還元力が高く、プラスに行くほど酸化力が高いということとなります。これで測ると、どんなものが体に良いか悪いか、歴然なのです。そして驚くべきことに、市場に出回っているほとんどの食品が、体を酸化せるものであることが判明します。

とくに、ファストフードやスナック菓子などのジャンクフードを食べた後の唾液を採取して測ると、その数値に愕然《がくぜん》とします。プラス30か40くらいならまだ安全圏内なのですが、ハンバーガーを食べた後など、簡単にプラス１００以上に跳ね上がってしまうのです。こういう食生活をしていたら、病気にならない方がおかしいと思います。

そんな恐るべき実態が、日本の食料事情にあるのです。これはテレビなどのマスメディアが絶対に報じられない話です。スポンサーがそれら食品を作る大手企業ですし、彼らが日本経済を支えているからです。

一見、世の中には食べ物があふれていて、豊かになったように見える日本ですが、その内情をよく調べていくと、かつてないほど貧弱になってしまっているのです。

有機農産物でも安心はできない、食べることだけでなく「出す」ことも考えて

一般的に体に良いとされている野菜でも果物でも、同じような状況です。なるべく国産のものとか、地場産であればいいと思っている人も多いと思いますが、やはり農薬や化学肥料を使う慣行農法で生産された野菜や果物は、体を酸化させます。オーガニック（有機）農法であっても、動物由来の堆肥で育てられたものはアウトになります。それは硝《しょう》酸態窒素《さんたいちっそ》の問題があるからです。

有機農産物というと聞こえはいいですが、牛糞や鶏糞などの肥料で育てられた作物には、発がん性との関連が指摘されている硝酸態窒素が含まれています。ですので、一番良いのは、完全無農薬・無化学肥料で、なおかつ動物由来でない自然農法で生産された農作物ということになります。でもそれしか選べないとなると、日本の野菜の99%以上のものが食べられなくなってしまいます。それでは食生活そのものが成り立たなくなりますので、自分でも情報を取ると共に、なるべく健康を害するリスクの低い食品を選ぶことが大切です。

健康に良いと思われている梅干にしても、今は余計なものが添加されているので、気をつけた方がいいようです。梅干は塩分量が多く、ご飯に梅干を入れておくと腐らないと言われていたのですが、今日、多く出回っているのは減塩梅干です。塩分量が少ないのに腐りにくい。それはどういうしてかというと、塩を減らした分、砂糖や酢、多種類の添加物を加え、日持ちするようにしているからです。減塩だから体に良いなどという幻想に踊らされる前に、パッケージの裏側をよく確認することをお勧めします。

そうは言っても、外食の際にはどうしようもありません。どんなに注意しようが、悪いものが体内に侵入してくることからは免れようがないのです。なるべく避けた方がいいのですが、同時に、なるべく体外に出す、つまりデトックスすること。たいてい、いかに良い栄養を摂るかを考えますが、同時に、いかに体に溜まった毒を外に排出するか、「排毒」についても工夫すべきでしょう。

食糧自給率という課題

今の日本の食料自給率は、カロリーベースで約37%といったところです。あとは外国からの輸入に頼っています。そんな中で、一億二千万人の国民を国産の食品のみで養うことなど、現実には不可能です。大豆に至っては自給率6%くらいですから、ほぼ外国産の大豆に頼っています。ということは、日本の食文化に欠かせない味噌や醤油などは、ほぼすべてが外国産になります。豆腐や納豆も同じです。

国民全員が、恐ろしい食品汚染の実態に目覚めたら、パニックになるでしょう。ですから、気づいた人から、なるべく国産のもので、安全なものを選ぶという意識を持つことが大事かと思います。食料自給率を上げるには様々な課題をクリアせねばならず、なかなか一朝一夕には改善できないところがありますが、国産品の消費が伸びれば、生産者の後押しにもなると思います。

避けるべきは肉食

お肉については、どんな肉であっても、避けた方がいいと思います。これについては日月神示の中にも繰り返し示されています。

「日本には五穀、海のもの、野のもの、山のもの、皆人民食いて生くべき物、作らしてあるのぢゃぞ、日本人には肉類禁物ぢゃぞ」（『梅の巻』第14帖）

「四ツ足を食ってはならん、共喰いとなるぞ、草木から動物生まれると申してあろう、神民の食物は五穀野菜の類《たぐい》であるぞ」（『碧玉之巻』第8帖）

あまり戒律めいた記述のない日月神示の中でも、こと肉食に関してはハッキリと書かれていますので、それがいかに重要なことかがわかります。肉食の問題については既刊の拙著においていろいろな観点から書いていますので、ぜひそちらをご参考にして頂ければ幸いです。

私はもともと、肉でも野菜でも何でも好き嫌いなく食べる方でした。菜食主義者に対しては、「世の中には食べるものがなくて大変な思いをしている人たちもいるのに、自分の価値基準で選り好みをするなんて、わがままな連中だ」というようなイメージを持っていました。

それが、日月神示を知ったことで一変しました。日月神示に「肉は食べるべからず」ということが書いてあるので、これは何かの比喩なのか、それともそのままの意味なのか、相当悩みました。そして自分でも、正しい食の道とは何かを研究し始めたのです。その結果、神示の言葉は「そのままの意味」であることがわかりました。

そこに気づいた日から、私は一切の肉を食べることをやめました。1992年の9月のことです。そこから今日に至るまで、まったく肉は食べていません。肉というのは、牛・豚・羊・鹿・猪などの四足獣、鶏などの鳥、ハム・ソーセージ・ベーコンなどの加工肉など、肉類全般です。一時は魚介類や卵、乳製品など、いっさいの動物性食品を断つ完全菜食（いわゆるヴィーガン）を5年半か6年近く、徹底してやりましたが、今は肉類以外でしたらわりと緩《ゆる》い方です。

そんな食生活を30年近く続けているわけですが、べつに痩せるわけでもなく、力不足になるわけでもありません。健康診断もオールグリーンですし、血圧は正常値の中でもさらに良い「至適血圧」におさまっています。持病もないですし、風邪もめったにひきません。むしろ、何でも好き嫌いなく食べていた二十代の頃の方が、一年に一度くらいは風邪をひいて熱を出したり、お腹をこわしたりしていたように思います。

とくに私の場合、何か独自の健康法を実践しているわけではなく、ただ神示に示されているように、獣肉類を避け、なるべく腹八分に留めるようにしているだけです。一日の食事回数も、「臣民一日に二度食べるのざぞ、朝は日の神様に供えてから頂けよ、夜は月の神様に捧げてから頂けよ、それがまことの益人《ますひと》ぞ」（『日月の巻』第25帖）と神示あるとおり、一日に二食です。今は一食でもいいと思っているところです。

私がこうした食生活を続けているのは、日月神示に示されたことが本当かどうか、自分で確かめたいという思いもあります。でも30年近く、ブレることなく実践してみて、たしかに運も開けたと思いますし、健康状態も良好ということは、やはり神示に書かれていることは嘘ではないと言っていいのではないかと思います。

ただ、世間の人は「日月神示にそう書かれているから」と言っても納得はしないでしょう。ですので、肉食の非を説く場合は、もっと「常識的」な範囲で説明することになります。

一般的に最も関心を引くのが、健康面についてです。

現在の畜産では、病気にならないためとか、成長を促進させるためといった理由で、様々な薬やホルモン剤が餌と一緒に与えられます。餌自体も、けっして安全なものではなく、様々な問題があります。そうした有害物質は、必然的に動物の体内に蓄積します。食物連鎖による生物濃縮により、植物や魚介類よりも動物の方が、有害な物質を多く体内に摂《と》り込んでいますので、野性の動物であっても安全とは言えません。

要は、畜産動物であれ、野性の動物であれ、「食べても良い肉」などというものは存在しないということです。

最近は地球温暖化に関連して、畜産がいかに熱帯雨林などの自然や生態系を破壊し、環境に負荷を与えているかということでも騒がれるようになってきました。膨大な数の畜産動物に与える飼料のため、森林資源が大変なスピードで破壊されているのです。また畜産業自体も、環境汚染に直結しています。

肉食は健康面だけでなく、こうした環境面から見てもデメリットが大きいですし、また何より、動物に対する生命倫理の問題があります。

肉を食べるという行為は、本当ならその生涯をまっとうできたであろう動物の命を、人間の欲のために不当に奪い、徹底的に破壊することです。動物であっても親があり、子があり、家族があるわけです。それでも、必要な栄養を摂るために動物の肉を食べないと生きていけないというのなら仕方がないのですが、それは一切必要ないですし、むしろ食べない方が健康的になれるのです。

それでも食べるという行為をやめられないとしたら、もはやその人の「嗜好」の問題です。食べたいという気持ちが抑えられない。無理に我慢するのはストレスになる。一度きりの人生なんだから、好きなものを食べて生きたい。これはどうしようもないことですし、法律で規制でもしない限り強制はできません。

また、ここでは触れませんが、畜産業は長い日本の歴史の中で、社会の闇の部分につながる部分がありますので、改善するのは難しいと思います。マスメディアでも絶対取り上げられない、アンタッチャブルな世界なのです。

だから真実の情報が国民に知らされることはありませんし、だいいち、肉食習慣に慣れてしまった日本人は、今さら改められないでしょう。食べ物の趣味嗜好を変えさせるのは容易なことではありません。

しかし、このまま放っておけば、日本は病人大国になってしまうでしょうし、長寿国から一転して短命化が進むでしょう。すでにそういう傾向が現れ始めています。肉類過多の食習慣や、薬と添加物だらけの食品汚染が国民の体を蝕《むしば》んでいることに、一人でも多くの人が気づき、〝食い〟改めることが喫緊《きっきん》の課題なのです。

第7章

お金持ちが集まるだけでは、運気のいい街にはならない

栄えている街が運気のいい街とは限らない

ここまで、パワースポットとは何か、気がいい土地や場所とはどういうところかについてお話ししてきました。では実際、栄えている街は、エネルギーやパワーも強いのでしょうか。本章ではそうしたことについてお話ししたいと思います。

街が栄えているからと言って、そこが運気のいい場所ということにはならない場合もあります。街は賑わっているのに何か違う感じがする、そういう所です。その理由にはいくつかあると思いますが、そこに集まる人の意識の問題もあるようです。

例えば、東京六本木の周辺。付近の高級マンションに集まる人を「ヒルズ族」と言って一時ずいぶんと持て囃《はや》されたりもしました。今もおしゃれな街で、私も時々訪れますし、お気に入りの店もあります。しかしお金持ちが集まればそれだけで運気のいい場所になるかというと、そういうことでもないようです。

六本木は、ＩＴバブルの頃に街が再開発され、堀江《ほりえ》貴文《たかふみ》氏や村上世彰《むらかみよしあき》氏といった人々が話題になりました。他にもバブルに乗って一儲けした人々が集まって話題になりました。

確かにヒルズの周辺は賑わいを見せ、それは今も続いているわけですが、今後もずっと続くのかとなると、少し疑問に思うところもあります。

ＩＴ企業やファンドの関係者が集まるからということではなく、そこに住む人々が、どれだけその土地に意識を寄せているかということです。六本木ヒルズに限らず、今大都市で人気のタワーマンションが並ぶ街もそうですが、土地を大事にするという意識を持っていない人たちがその場所を占有するようになると、いずれ運気は下がっていくと思います。

土地自体は、もともと悪くありません。そこに住む人間が悪くしているのです。六本木の氣がなんとなく落ちてきているんだったら、それは六本木という土地のせいではなく、そこに住む人が下げているということです。逆を言えば、住む人次第で上げることもできるわけです。六本木に住むというブランドを求めるだけではなく、この街を大切に守り、感謝し、育てていこうという意識を持つ人が集まれば、自然とそうなっていくでしょう。

六本木という地域にはどういう歴史があるのかを知って、そこに住まわせて頂く以上は、その土地を大切にしていきましょうということです。「土地と川、木々、自然のすべて、環境と人は一体である。その土地の神社（鎮守様）を大事にする。住む以上はそこを大事にして、後世につないでいく責任がある」という考えを持つ人が集まれば、氣が上がってくると思います。

対照的なのが東京の目黒区にある自由が丘という街かもしれません。もともと地元の人々が主体となって盛り上げている街で、お祭りも盛んに行っています。そのお祭りの際、街中に屋台が並ぶのですが、地元の飲食店の人が、自分の店の前などに出すのです。皆さん、地元に愛着を持ち、大事にしながら商売をされているんだなと思います。ブランド力やお金ばかりに心を奪われているとこうはならないでしょう。

酔って暴れる人もまず見ないし、親子連れも安心して一日過ごせる、六本木とは対照的な街ではないでしょうか。

本来ご神域であった場所が宅地開発された都会の神社

これまでもお話ししてきたように、戦後、神道は一つの宗教法人になってしまい、国の後ろ盾がなくなったため、神社は自主運営をしなければならなくなりました。資金的に困《こん》窮《きゅう》して、神社が所有する土地を民間に切り売りした結果、参道のギリギリまで建物が密集するなど、本来ご神域だった所が狭まってしまった神社もあります。鎮守の杜であったはずの場所が、住宅や商業施設になっていることもめずらしくありません。中には戦後の混乱期に、朝鮮半島出身者などが、日本人なら手を出すことを遠慮するようなご神域を不法占拠した例もあるそうです。

その土地を代表するような大きな神社にもこのようなケースがあると聞きます。戦後の混乱期は神社にとっても受難の時代だったと思います。

切り売りされた土地が開発され、街中に埋もれるように細々と存在している神社も少なくありません。私の住む地域にも所々に神社はありますが、昔は神職の方もいらして、それなりの規模だったと思われるものの、今は誰もいなくなり、かろうじて参道らしきものが残っている状態という所もあります。もともと神社だった土地に住んでいる人も、とくに神社に思い入れがあるわけではなく、ただ手ごろな価格で売られていた物件だから買ったのではないでしょうか。残念なことですが、土地の神様を敬う気持ちが落ちてしまった戦後の日本人の象徴的な姿だと思います。

そういう神社に行くと手水舎に水が流れていなかったり、流れていないどころか汚れ放題だったり、水が流れていても、昔のように井戸水や自然の水ではなく、水道水だったりもします。神社の周辺が開発されてしまったこともあって、井戸水や自然の水が流れている神社は、もう都会では少ないのではないでしょうか。

東京の明治神宮の鎮守の杜は有名ですが、昔は神社の規模や社格に合わせた鎮守の杜があったのです。そもそも神社と鎮守の杜はワンセットです。

ただ、多くの神社は、何とか完全に失われずに存続しています。さすがに神社そのものを潰そうとはしなかったのです。ご神域をだいぶ切り売りはしたけれども、やはり日本人としては、神社そのものを取り潰すことは怖いという思いがあるのでしょう。廃社するにしても、そこに祀られていた神様には大きな神社にお遷りして頂き、摂社末社としてお迎えするという形が取られます。

再開発で高層ビルを建てることになった時、その場所にあった神社や祠があれば、ビルの敷地内に取り込むという例もあります。東京の都心部、虎ノ門の金毘羅宮もそうです。神社を残したというより、境内にビルを建てた感じで、神社と高層ビルが一体となった感じです。ビルの屋上や施設内に社殿を作る場合もあり、日本の大手ゼネコンやデベロッパーは、土地開発を生業としてきただけに、その土地に祀られている神様をないがしろにしてはいけないということを、よくわかっているのだと思います。おそらく、表に出せない変なウワサや不思議体験もたくさん持っていることでしょう。

公のために自分をすべて投げ出す

多くの日本人は、明確な宗教心を持っていません。宗教の信者ではないし、教えを学んだこともないけれど、超自然的な力を感じることは誰しもある。霊的な力とか、氣とかエネルギーのようなもの、それらを感じるパワースポットなど、言葉にはしないけど、なんとなく皆わかっているような感覚があります。それを具体的な形で実感するのが、災害時とか非常時に起きる不思議なこと。３・11の震災の時、神社の手前で津波が止まったとか、東京大空襲の時にお寺の手前で火の手が止まって難を逃れたとか。そうした事例を通じて、何か目に見えないものに対する感覚を共有してきたのではないかと思います。

今年は甚大な台風被害に見舞われましたが、各地に設置されたメガソーラーパネルも甚大な被害を受けたようです。

山を大きく削って設置したところもあったようで、台風のあと、ぐしゃぐしゃになったソーラーパネルの写真を見ると、何かの浄化というか、自然を破壊したことに対する警鐘を、このような形で示されたのかという感じがしました。日本人はそろそろ、そうした感覚をもっと呼び覚ますようなことを本格的にしていかなければいけないのではないかと思います。今は忘れかかっているけれども、それを取り戻していく。そうすることで、本来あるべき日本人の姿が甦ってくるのではないかと思います。

大ヒットしたアニメ映画の新海監督は、雑誌『ムー』の愛読者として知られています。『君の名は。』では神社や神事が描かれていました。同じく新海監督の作品『天気の子』でも神社が描かれ、不思議な力を有する女の子が登場します。私は、新海監督の作品には、日本人的な信仰感が巧みに織り込まれていると思います。あの作品を見て感動するというのは、やはり日本人だなと。もちろん、感動するのは日本人だけではありませんが、とくに日本人にはそうした感覚を呼び覚ます作品になっているようにも思えます。

『天気の子』では、主人公の自己犠牲的な行動で、世界が救われるというストーリーなのですが、そうした話が感動を呼ぶのも、自分よりもみんなのために、公のために自分を投げ出すということが崇高なことだという考えがどこかにあるからではないでしょうか。

人と同じ行動をする気持ちを同じくする

日本人の場合、パワースポットに行くにしても、自分だけで良い氣を独占したいと思う人はあまりいないと思います。その反対に、一緒に訪れる人が多ければ多いほど、ありがたい気持ちも大きくなるみたいな感じさえします。

日本人は、何につけても集団で行動するのが好きというか、皆で一緒に何かをするのが好きな気質を持っていると思います。とくに正月の初詣には、それがよく現れています。

有名な神社なら、人の波にもまれながら並ぶこと数時間、そしてお参りはわずか数秒。それでもその時、集まった大勢の人と気持ちを同じくして参拝していることに安心するし、またそうやって苦労してお参りすることに価値があると思う民族なのです。

初詣に限らず、お盆や年末年始の帰省ラッシュもそうだと思います。わざわざ混雑する時期に集団で移動する。大変だし、疲れるのはわかっているのに、皆で同じ行動をすることで、一種の安心感のようなものがある。

欧米諸国に比べて休暇が短いとか、取引先もみんな休みになるから、といった事情もあると思いますが、日本人の、皆で一緒に行動する、一体感を大切にする性質みたいなものも大きいと思います。だからどんなに待ち時間が長くても騒いだりせず、大人しくしている。ラッシュ時の交通機関でもきちんと並んでいるのは日本人ならではです。

住みよい街づくりとは、その土地に対する思いが街を作るということ

私は東京の下町、葛飾の生まれなのですが、これまでお話ししてきたように東京の東のあたりは、子供の時から何となく違和感を覚えていました。

今になって思うと、それは震災や空襲でたくさんの人が亡くなっていることもあるのではないかと。それと明治以降の近代化の中で、とくに戦後は下町を縦横に流れる川が工業廃水で汚染されたり、再開発で埋め立てられたりしました。

江戸時代以前であれば、まだ清らかな状況だったでしょうし、そんなに悪い雰囲気はなかったと思います。最近ではスカイツリーが出来たり、河川も昔よりも綺麗になったりしていますし、だいぶあの辺も氣が変わってきたようですが。

第2章でもパチンコ店には邪気が集まるという話をしましたが、パチンコ店そのものに邪気を持った人が集まりやすいだけでなく、それに波長が合う類の店も集まってくるわけです。

そうやってどんどん町全体が悪い雰囲気になっていく。今、埼玉県で話題になっている

のは西川口です。昔は風俗で有名な町でしたが、風俗店が一掃されたと思ったら、中国人がどんどん流入。街のルールを守らない人も多く、ゴミだらけになり、今度は違う意味で氣のよくない町になってしまいました。

もちろん建物のオーナーからすれば、空き室のままにしておくのは負担が大きいわけですから、テナントに入ってほしい気持ちもわかります。しかし悪いイメージがそのままであればテナントもなかなか入らず、家賃を下げざるを得ない。するとそういう連中が集まる。

これは、風俗店がなくなった時点で、まずは行政と住民が一体となって街全体を浄化し、イメージを変えることに努力するべきだったと思います。地元の神社を大切にして、霊的なパワーを上げることも必要です。風俗店を一掃する前に、そうした総合的な再開発プランをきちんと練ってから実行すると良かったのではないかと。中国人やベトナム人などの外国系マフィアが巣食うようになった新宿歌舞伎町もそうですね。

そうした状況を何とかしたいと思っているのであれば、改革への行動を起こすべきだと思うのです。根本的には、まず神社を大切にすることです。新宿歌舞伎町であれば、地域の中心的な神社である花園神社を盛り立て、商店街の各店には必ず神棚を置き、御札《おふだ》を祀る。

それと共に、見た目にも綺麗な街にするという運動をもっと展開していくことです。水の流れを浄化して、ゴミが散乱しないように努める。水が汚れてゴミが散乱しているような場所には邪気が集まります。邪気がよこしまな連中を呼び込むのです。対処療法的なやり方では、一時的に綺麗にしてもまた汚れてしまいます。基本は、その土地の神様を大切にすることです。大事なのは、その土地を本当に良いものにしようとする人々の心であり、それに伴う行動ではないかと思います。

同じように風俗街になってしまった横浜の黄金町《こがねちょう》は、風俗店を一掃した後、街ぐるみでその再利用を考え、現在風俗の街からアートの街へ生まれ変わろうとしています。風俗店だった物件が、アートスペースとして活用されているのです。一時は歩くことさえ憚《はばか》られた街も、今では子供も安心して歩けるようになりました。これには行政も一役買っています。再度風俗店が入居しないよう、権利者が判明した物件を市で借り上げるなど、地域住民と一体となった再生プロジェクトが続けられています。

集まる人によって、その土地の運気は上りもすれば下がりもする。住みよい街づくりとは、その土地に対する思いが街を作っていくということだと思います。

第８章

神の声に導かれるように

執筆依頼は神様の「書け」という声

私は、日月神示をはじめ、こういうジャンルの作品をずいぶん世に出してきたわけですが、そもそもどうしてこんな世界に入ってしまったのか。自分でも不思議で、べつに作家になりたいと思ったこともないのに、流れに押される形でその時の仕事を一生懸命にこなしていたら、いつの間にか70作以上の本が世に出ていて、累計部数は150万部を軽く超えるまでになってしまったというのが本当のところです。

大学で神道とか古代史とか宗教学を専門に勉強したわけでもない私が「本を書く」などというのは大変おこがましくもあると自分でも思うのですが、人生においては流れに抗《あらが》うことなく身を委ねた方がうまくいくということはあるようです。

私が本を書く時も、あらかじめ骨子は決めておきますが、いったん書き出すと、半分は身を委《ゆだ》ねるような感じで書きます（今は鉛筆ではなくキーボードですが）。

本に書くに際しては、核となるテーマを決め（これはすでに決まっている場合がほとんどです）、そのテーマに沿って、おおよその章立てや構成を考えます。そして、各章ごとに、こういうことを入れていこうというポイントをあらかじめ書き出しておきます。その「制作メモ」を参考にしながら、第一章から書き始めます。基本的には骨子に沿うように書いていきますが、流れ的に「こっちへ行った方がいい」とか「この話はとくに入れなくていい」と思った時は、それに従います。

そうやって一章分を書き上げると、だいたいの制限字数に収まっています。小見出しも、同時に出来ている感じです。なので、私の原稿は、書き終えた段階でほぼ完成稿の状態に仕上がっていることが多いのです。あとはちょっと手直しをするだけです。

こう言うといかにも簡単そうですが、実際は相当集中しますし、それなりに「産みの苦しみ」があります。〝お筆先〟のように、意識しなくても手が動いたり、エドガー・ケイシーのように、眠っている間に口述でいろいろなことを語れたりしたら楽なのですが、やはりどうしてもエネルギーを使います。集中して書いている時は、頭頂部が熱くなることもあります。

自分に書けるかどうか自信がなくても、あまり心配せずにとにかく書き始めれば、何とか書けてしまうものです。たとえば、初めて古代史をテーマにした企画の依頼が来た時も、とくに古代史を研究してきたわけではありませんし、普通の人並みの知識しかありません。

そんな自分に書けるのだろうか？と思ったのですが、こういう依頼が来るということは、神様が書けとおっしゃっているのだろうと思って、とりあえず受けるようにしました。

受けてからいろいろと関連資料を読み込んだりして、自分で勉強しつつ本に書くという作業を、同時進行的にやるのです。参考文献や資料も、自然に手元に集まってきたりするので、ちょっと不思議です。

その古代史関連の本というのは、1993年に日本文芸社から出した『神々が明かす日本古代史の秘密』という作品です。これが同社とは初めての仕事になる本だったのですが、その月に出す予定の本が急に出せないことになったか何かで、穴が空いてしまったらしく、「時間がなくて大変申し訳ないんですが、どうかお願いします。中矢さんしかいないんです」と依頼がありました。

古代史をテーマにした本なんて、書いたことがないですから、せめて半年くらいの猶予はほしいものですが、この時は緊急事態で、与えられた執筆期間は「半月」でした。15日間で、真っ白な段階から一冊分の原稿を仕上げないといけません。

普通なら断るところですが（今なら断ります）、そんな依頼が来るということは、神様が書けとおっしゃっているのかもしれないし、実際、書けるからそういうオファーが来るんだろうと思い、とりあえず受けることにしました。一度引き受けたからには、「やっぱり出来ませんでした」では済まされませんから、絶対に成し遂げなければなりませんし、しかも出版社も、読者も、両方満足させる作品を書かないといけません。

すぐにテーマを決め、構成を考えました。それと脱稿までの予定表を作りました。５章立てにしますので、まず最初の１日で、第１章に書き入れる内容について勉強し、頭の中でまとめます。そして２日間で一気に１章分を書きます。次の１日で第２章の内容の勉強をして、２日間で次の第２章を書きます。このやり方で進めれば、半月で脱稿できます。しかも「まえがき」と「あとがき」も添えないといけません。

出来るかどうかわかりませんでしたが、約束通り半月後、きっちりと原稿を入稿しました。ほとんど修正もなく、そのままの内容で本になったので、私もホッとしました。編集者も非常に安堵した様子でしたが、驚いたのはその後です。

初版は１万部からのスタートでした。それでも今は有り得ない部数だと思いますが、当時は新書サイズとしてはまあまあ普通の部数だったと思います。日本文芸社とは初めての仕事なので、まずは初版は１万部ということだったのでしょう。

それが、刊行されるや否や、アッという間に売り切れてしまったのです。たちまち１万部の重版がかかりました。その後もこの本はどんどん重版がかかっていきました。たしか最終的には6万部か7万部くらいまで行ったように思います。

あの頃の私は勢いもありましたので、こういうことが出来たのだと思います。私もまだ三十を越えたばかりで若かったですし、徹夜もできましたので、何とかなりましたが、今はもうあんな無茶なことはできません。

ちなみに、この古代史本はわずか二週間で仕上げたということもあり、自分としては不満の残る内容でした。そこで、古代史をテーマにリベンジしたのが、同じく日本文芸社から出した『封印された日本建国の秘密』という本です。こちらは三ヶ月ほどかけて書き下ろしましたが、ほとんど専門書に近いような、難しい内容になってしまったせいか、『日本古代史の秘密』ほどは売れませんでした。

最初の『日月神示』を出したのは、１９９１年でした。あの時は四〇〇字詰の原稿用紙に鉛筆で書いたものでしたが、その後まもなくワープロになり、今はパソコンです。作業効率が相当アップしました。

当時と決定的に違うのは、今ではインターネットが発達し、何でも検索すれば調べられることです。昔は古本屋や図書館などをまわって資料を探しました。それも不思議なことなんですが、図書館に行ったら、ふと手に取った本の中に、「これは使える」というものがあるのです。あるいは、どなたかから頂いた本の中に、使える部分がある。神田の古本屋にフラッと入った時もそうです。ある本が目につき、「これはもしかすると買っといた方がいいかな」と思い、購入しておいたところ、あとでそれが役に立つということがありました。こういうのを不思議体験と言っていいかどうかはわかりませんが、経験上、そんなことがあり、いろいろな作品が書けたことは事実です。

「日月神示の中矢」のベースとなった川尻徹先生の本の仕事

初作『日月神示』を出す前のことですが、当時、ノストラダムス研究家として何冊も著書を出されていた精神科医の川尻徹《かわじりとおる》さんという方がいました。週刊『プレイボーイ』でノストラダムスの予言とヒトラーをからめた連載をされていて、これが大人気となり、祥伝社が『滅亡のシナリオ』という本にまとめて出版したところ、ものすごく売れたため、徳間書店でも出そうということになったのはいいのですが、担当するライターが見つからなかったのか、私にお話が回ってきました。といっても、当時の私としては、英会話関係の本なら2冊出していましたが、ライターとしての経験なんか皆無に等しかったのです。

日月神示のことを本にする話は進んでいましたが、まずは川尻先生の本を出した後で日月神示の本を出しましょうということになってしまいました。編集者としては、日月神示が無名であったために、まず川尻さんの本を出して、その巻末でちょっと日月神示の告知宣伝をし、その翌月に刊行するという流れで考えていたようです。

ともかくそういうわけで、私が川尻博士の本をまとめなくてはならないことになったのですが、お会いしてみると、川尻博士のお話はとにかくぶっとんでいて、とてもついていけませんでした。山本五十六がどうのこうのと話したかと思ったら、突然にヒトラーとナチスの話になり、今度はJ・F・ケネディが出てきたかと思うと、マリリン・モンローの話になる。もう私の頭の中はチンプンカンプンです。とてもこんな話をまとめることなんかできない…と思いました。

川尻博士はただ好き勝手にお話をするのですが、それを全部テープ録りして、あとで文章に起こします。また、お会いするたびに「これ読んどいて」と何冊もの本を渡されます。それに加えて、博士がメモ書きした原稿用紙の分厚い束もどっさり。その字はあまりに独特で、判読できないので、まず先生の手書きの字のクセやパターンを知り、読み解くことから始めるしかありませんでした。

テープ起こしで上がってきた文章と、本などの資料と、メモ書きの原稿用紙。こうしたものを突き合わせていくと、だんだん博士が言っていることがわかってきました。

ちなみに、週刊『プレイボーイ』の時の担当だったNさんという人は、精神を病んで入院してしまったと聞きました。それを聞いた私は、「こんなことをやっていると自分も精神がおかしくなるかもしれない」と思ったものです。でも、引き受けた以上は、やらなければいけません。

平成３（１９９１）年の1月末くらいに書き出し、2月下旬には脱稿するという予定だったので、一週間で1章を書き上げないと、間に合いません。何とか最初の1章を仕上げ、博士と編集者に渡してご覧頂いたところ、いけそうだということになり、次章にとりかかりました。そして3章目あたりになった時に、たぶんインフルエンザだったと思うのですが、高熱で倒れてしまいました。

ですが、出版社サイドでは川尻博士の本を4月、私の本を5月に出すというふうにスケジュールを組んでくださっていたので、時間的な猶予はありません。寝ている場合ではなかったのです。

そこで私は、熱で朦朧《もうろう》としながらも、2時間寝て3時間書こうと決め、なんとか実行しました。そして約束通り、遅れることなく1週間で次章を仕上げて、お渡ししました。それもこれも、予定通り日月神示を5月に出さなければならないという思いがあったからでした。

川尻先生と編集者は、私が高熱で倒れたと聞いて、もう無理だろうと思っていたようですが、予定通りに原稿を持ってきたことに驚いていました。そして博士はさっそくその場で原稿を読まれて、「前の原稿よりさらにいいよ。中矢くん、神憑かってんじゃないの?」と笑いながらおっしゃいました。こうして世に出たのが『ノストラダムス 戦争黙示』という本です。

今はとてもではありませんが、あんな無茶なことはできません。それに当時は、日月神示を世に出す話が進んでいることを知った関係者からの恫喝《どうかつ》めいた圧力みたいなものがありましたので、私としては、悠長なことは言っていられませんでした。もしかすると「お蔵入り」にされてしまうのでは、という恐れがあったのです。なので、どんなことがあっても必ず予定通りに出版する！と執念を燃やしていました。

あの時は、いろいろなトラブルが次から次へと起き、まわりが敵ばかりに思え、一人で闘っている心境でした。この本がどれくらい売れるかとか、売れたら印税がどれくらい入るとか、そんなことを考える余裕などありません。この本がもしボツにされたら、それは私の不徳の致すところだから、責任を取って腹を切るとまで思いつめました。

そして予定通り、５月末に『日月神示』が書店に並ぶと、〝爆発的〟と言っても決《けっ》して誇張ではないようなすごい勢いで売れていき、アッという間にベストセラーになりました。

これで私の運命は決定づけられたわけですが、当時としては、とにかく無事に出せた安堵感で、肩の荷が下りたような思いでした。

川尻博士との仕事はこれで終わりと思いきや、次作も担当することになりました。こうして、『ノストラダムス 複合解釈』という本が、同じく徳間書店から出されることになりました。ちなみにこの2作は、「と学会」から栄えある「第一回トンデモ本大賞」に選ばれたのです。べつに何か形ある「賞」を頂くことはなかったのですが、「と学会」の方たちにも、この本をまとめた私の苦労をわかって頂けたのでしょうか…。

川尻博士の説は、たしかにぶっとんでいて、めちゃくちゃなのですが、着眼点が非常にユニークで面白いですし、「結論として言いたいこと」としては筋が通っていました。今思うと、あんなに真面目にやらず、いっそフィクションとして、小説にしたらよかったのかもしれません。とにかく、素晴らしく頭の良い先生で、人柄も良かったですし、どういうわけか私は川尻先生にはだいぶ気に入られたみたいです。

これで2作もやらせて頂いたことだし、もういいだろうと思っていたら、「最後にあと一作」と先生自らに頼まれてしまいました。3作目は、日本文学が主なテーマとなり、『芭蕉 隠れキリシタンの暗号』というタイトルで刊行されました。

川尻先生とお仕事をさせて頂いたお蔭で、私もだいぶ博学になりました。また、こんなにハードな仕事を3冊もやらせてもらったことで、ライターとしての自信もつきました。この仕事がこなせたら、この先どんな依頼が来てもできるだろうとさえ思えました。

3作目が出た翌年に、川尻博士は残念ながらご病気で亡くなりました。本の中でも描かれていますが、川尻先生はものすごいチェーンスモーカーでした。肉がお好きで早食いだし、とにかく「医者の不養生」という言葉がピッタリの方でした。あの時は本当に大変でしたが、川尻博士を担当させて頂いたお蔭で、私も成長させて頂いたように思います。今となっては懐かしい思い出です。

「日月神示の中矢」でいいです！

私は最初から作家になりたいなどと思ってはいませんでしたので、初作『日月神示』を世に出す時も、とくにペンネームなどは考えませんでした。どうせこの作品一回きりだろうと思いましたし、べつに実名で出しても構わないと思ったからです。

でも、この本が予想外の売れ方をしたために、次から次へと関連本を書くようになり、それらがまた売れるという感じで、自分でも知らないうちに有名になっていったようです。中矢伸一といえば日月神示、日月神示といえば中矢伸一だと。

あんまり日月神示、日月神示とどの出版社からも言われるので、「別の企画でどうですか？」と提案しても、「日月神示とタイトルに入れるだけで確実に売れるから」という理由で、あまり日月神示のことは書かれていなくても、日月神示の名がタイトルに使われます。その結果、必然的に日月神示の本が増えてしまいました。

私としては、日月神示のみを研究しているわけではなく、もっと広い観点から見ているわけです。日月神示は、その重要な一部ではありますが、すべてではないのです。

1995年に起きたオウム真理教による一連のテロ事件以来、マスメディアや出版界では、いっせいにオカルトめいたテーマを敬遠し始めました。その煽りもあり、私の出版する著作も次第に数が減り、部数も落ちていきました。世紀末を越えて2000年に入ると、私も日月神示＝中矢伸一とみられることが嫌になり、他のテーマを模索していたのですが、途中から諦めて「もう、日月神示の中矢でいいです」と思うことにしました。

そう思うようになってから間もなく、船井幸雄《ふないゆきお》先生との出会いがありました。船井先生は、とくに私から頼んだわけでもないのに、どんどんと日月神示のことや私の著作を宣伝してくださいました。こうしてまた、日月神示がブレイクしたのです。私は以前にも増して忙しくなりました。その詳しい経緯については、『「奥の院」がこれからは日本の時代だと決めた』（ヒカルランド）という本の最後に、「船井幸雄先生との思い出」という付章を書いていますので、そちらに譲ります。

なお、私ばかりが日月神示関連の本を出していることは、昔から批判の対象にもなっているようです。私が受けた神示でもないのに、独占しているような感じになっているため、「なんであいつばかりが」と思う向きもあることは承知しています。でも、今述べたように、私は何度となく日月神示から離れようとしたのですが、どうしても離してもらえず、そのうちに諦めたというのが真相なのです。

むしろ、私しては日月神示をテーマに書きたい人がいたら、裏にまわって応援します。『ときあかし日月神示』の著者の内記正時《ないきまさとき》先生は、その好《よ》い例です。私はああいう方こそ、本当の「日月神示研究家」だと思います。

しかし、日月神示のことを本にして世に出そうとしても、やはりご神縁がないとうまくいかないようです。私が徳間書店から出版する前から、日月神示を世に出そうという試みは何度もあったようですが、いずれも挫折しています。中には原因不明による不慮の死を遂げたという方もいたそうで、「それでも出す覚悟はあるか？」と言われた時には、私も「やめとこうかな…」と考えたものです。あれから三十年が経った今も、まだ生きている（生かされている）ので、私には何か日月神示に関わらなければならない特別な因縁のようなものがあったということなのでしょう。

置いておくだけで機械が直った『〔完訳〕日月神示』

近年またスピリチュアル系が盛り上がりを見せているようです。１９９０年代は、世紀末が近いということもあり、人類滅亡の予言とか、心霊写真だとか怪奇現象などのおどろおどろしい要素がありましたが、今のスピリチュアル・ブームではそれがなくなって、もっと明るく、ライトな感じで広がっているように思います。そんな中で、日月神示を初めて知る人も増えているようです。

日月神示の全巻本というのは、昔からあったのですが、版型は変わっても、内容は同じでした。おそらく底本のようなものがあって、どのタイプの日月神示も、それを元に作られていたのでしょう。

でも、きちんと本当の原文（数字と仮名、記号などから成る）に照らし合わせると、相違していたり、欠落していたり、あえて当て字をされたりしている箇所が多く見受けられました。これではいけないなと思いつつ、私もあまり出過ぎた真似をしてはいけないと思い、ずっとそのままにしていたのですが、このままでは誤訳や誤表記の多い従来の日月神示が残ってしまうことになると思い、私の手で、一字一句、原文と付き合わせながら、できる限り正確な訳文に直す作業を始めました。当初は、私の主宰する「日本弥栄の会《にほんいやさか》」で発行する『玉響《たまゆら》』誌上で一巻ごとに発表し、それらをまとめて『〔完訳〕日月神示』として書籍化したのですが、あくまで会員の研鑽用ということに留めていました。

それを、ヒカルランドさんが、そのままの形で市場のルートに乗せてくださり、一般の書店やネット通販でも入手できるようになったのです。現時点では、これ以上に正確な日月神示の全巻本はありません。いきなり全巻本から読み出すにはハードルが高いかもしれませんが、もし読みたいということであれば、ぜひ入手してお手元に置いてください。

この『〔完訳〕日月神示』ですが、霊的に敏感な人は、その本から強い波動（エネルギー？）が出ていることがわかるそうです。ある人は、「あれは本ではない、一種のエネルギー体だ」とおっしゃいました。また、前世を鑑定することのできる知り合いは、相談を受けるといろいろとネガティブな波動を受け、体がつらくなることがあったそうですが、そんな時は『〔完訳〕日月神示』を取り出し、これを開いて、バシッと勢いよく閉じるだけで、一瞬にして邪気が祓われるんだとか。「それはもう、一撃ですよ」と言っていましたが、私は「そんな使い方もあるんだ」と思ったものです。

他にも、不思議なこととしては、『〔完訳〕日月神示』を置いていたら、いろんなものが直ったという報告が複数寄せられました。人の体調が良くなるというのなら、何となく理解はできるのですが、機械が直るというのはどういうことなのか。1人や2人だったらまだ偶然かもしれないと済ますところですが、何人もの方から同様の体験を頂いています。

中には「壊れていたパソコン本体の上に置いていたら、直ってしまいました。おかげで昔のデータが見られるようになり、大変ありがたいです」という報告までありました。

日月神示といったって、要はただの紙の本なのですが、こういう現象が多いことからすると、なんらかの氣というか、波動を発しているのではないかと思わざるを得ません。だからこの本は普通の本とは違い、「御神書」ですから、足のつくところに置かないなど、なるべく丁寧に取り扱うこと、としています。

もう一つ、似たような例で、私の方で制作した『日月神示にもとづく祝詞集』というCDがあります。不肖《ふしょう》私が奏上する何種類かの祝詞が収録されているもので、その中に日月神示流「ひふみ祝詞」も入っています。

このCDを購入したある男性から直接聞いたのですが、愛車に乗る際に、このCDをかけるようにしていたそうです。その方には幼い男の子（当時1歳くらい？）がいて、いつものように車の中でCDをかけたところ、プレーヤーから「たまゆら（オーブ）」みたいな光がシャボン玉のようにたくさん出てくるらしく、その子が一生懸命にそれを捕まえようとしていたというのです。

他にも、このCDをかけていたら「洗濯機が直りました」「扇風機が直りました」など、機械が直るという体験がいくつも寄せられています。不思議なことですが、そういう声があるということは、やはり何かこのＣＤから発せられる波動のようなものが作用しているとしか思えません。

おどろおどろしいブームを超えて

インターネットが普及する前は、「パソコン通信」というのが流行っていました。覚えている方もいらっしゃるかもしれませんね。当時はニフティサーブという、今で言うチャットオンリーのネットサービスがあって、そのオカルト版では、日月神示や私の話題もよく出てきたようです。

ちょっと深いことを書き込む人がいると「本物の中矢さんが降臨した」とか言われていたようですが、私はそういう場に書き込んだことはありません。中には、中矢伸一の名を語る偽物もいたそうです。それだけニフティでも話題になったということだと思います。

90年代に入って日月神示はいきなり有名になった感がありますが、同時におかしな連中も湧いてきました。当時はオカルト業界全体にそんな雰囲気があったと思いますし、私の会にもそういう連中が入り込んできて、嫌な思いをしたこともあります。

あの頃と比べると、私の主宰する「日本弥栄の会」も会員は増えましたが、一方で、そういうおかしな連中は激減しました。当時は善霊だけでなく、悪霊や邪霊がワーッと押し寄せてきたような感じでしたが、今はそういうおどろおどろしさはすっかり消えました。アクが抜けたとでも言うのでしょうか、とても良い雰囲気になっています。

神様の御利益を期待する前に、まず自分の頭でよく考え、人一倍努力すること

ここまでいろいろと書いてきましたが、なぜ私が今のパワースポットブームが嫌いか、何となくおわかり頂いたのではないでしょうか。

ほとんどの人が、安易に御利益を得ることを期待して神社に詣《もう》でています。わずかばかりのお賽銭を入れて、手を合わせたぐらいで、ビジネスが上手く行ったり、病気が治ったり、お金が儲かったりするなどという考えが甘すぎるのです。

「神様が本当にいるのなら、なんとかしてくれるはず」と思うのは、大きな間違いです。神様が本当にいるからこそ、安易なお蔭（御利益）は与えない。これが正解です。もし安

易に御利益が得られたら（たとえば宝くじに当たるなど）、それは低級霊の仕業と思った方がいいのです。

日月神示には、「十のもの受けるには十の努力」（『春の巻』第13帖）とありますし、さらには、こういう言葉も示されています。

「神は人民を根本から永遠の意味でよくしようと、マコトの喜び与えようとしているのぢゃ。局部的、瞬間的に見てわからんこと多いぞ。おかげは、すぐにはないものと思え。すぐのおかげは下級霊。眉《まゆ》に唾《つば》せよ、考えよ」（『春の巻』第34帖）

要は、まず自分の頭でよく考え、人一倍努力することです。仕事であれば、依頼主や顧客に満足して頂ける仕事を、きっちりとこなす。そして、一度交わした約束は守る。嘘をつかず、誠実に、常に相手のことを思ってマコトを尽くす。考えてみれば当たり前のことなんですが、そうやって地道に信頼関係を築いていくことです。そういう人は、まわりから信頼されるようになります。人から信頼される人は神様からも信頼されます。人は神であり、神は人なのです。

そのような信頼関係が築けた時に、ちょっと神様からお力添えが頂けます。その「ちょっと」があるかないかで、その先の人生がだいぶ違ってくるのです。これが本当の御利益であり、お蔭というものです。
そんな神心というか、親心に気づき、正しい道を歩む覚悟を決めたなら、どうか堂々と神社にお参りに行かれてください。きっと神様は貴方の参拝を大変に喜ばれるはずです。

「この神の申すことよく肚《はら》に入れて、もうかなわんと申すところ堪《こら》えて、またかなわんと申すところ堪えて、愈々《いよいよ》どうにもならんというところ堪えて、頑張りて下されよ、神には何もかもよくわかりて帳面に書き留めてあるから、何処《どこ》までも、死んでも頑張りて下されよ。そこまで見届けねば、この方《ほう》の役目果たせんのぞ、可哀そうなれど神の臣民殿、堪《こら》えて堪えてマコトどこまでも貫きてくれよ、マコトの生神がその時こそ表に出て、日本に手柄さして、神の臣民に手柄立てさして、神から篤く御礼申して善き世に致すのであるぞ、腹《はら》帯《おび》しっかり締めてくれよ。重ねて神が臣民殿に頼むぞよ、守護神殿に頼むぞよ」（『磐戸の巻』第19帖）

終章

令和日本に立ちはだかる、大危機を乗り越えられるか

てんし様＝天皇陛下を巡ってひと騒動

私は必ずしも右寄りとは思っていないのですが、昔は会員の中にちょっと左がかった感じの人が多くて、神様はいいけど、国家は嫌いだと（苦笑）。「玉響《たまゆら》」という月刊誌を細々と25年位やってきたのですが、そういうところでも軋轢《あつれき》があって、波長が合わない人はけっこう去っていきました。それでも何度か戦争問題を扱ったこともあるのですが、必ずどこからか文句がありました。

森喜朗元首相の「神の国」発言の時も、「森首相の発言を支持する。日本は古来、神国である」って書きました。あの時は会員数が400人くらいにまで減り、もう会を閉じようかと考えていた時期だったので、私も好き勝手に書いていました。

「てんし（天子）様」の解釈を巡っても、書きたいことが書けずに苦労したものです。日月神示には「てんし様」という言葉が頻出するため、それが何を意味するのかということは非常に重大な問題です。結論から言うと天皇陛下しかありえないのですが、そのように書くと攻撃を受けるわけです。いわゆるノイジーマイノリティーがいるわけです。それで本当に嫌になってその問題にはもう触れないようにしていたこともあります。

でも素直に読めばやはりそうなるし、日月神示にも「素直に読め」って書いてあります。曲げて読むな、そのまま取れと。戦前は天皇のことを「天子様」と呼んでいたわけですから、そのまま取れば、天皇陛下以外の何者でもありません。でもそれを言うと、「賛成できかねる」と。では何ですかと訊くと「天使（エンジェル）」だとか、「天詞」と書いて「言霊のエネルギー」だとかいった、変てこりんな解釈が返ってくるわけです。だったら「てんし」って言葉でなくてもいいのではないかとなってしまいます。

２０００年代に入ると、私ももう好きなことを書くようになっていましたが、元自衛隊の内記正時さんという方が出した日月神示の解釈本で、「てんし様」とは天皇陛下のことであると明確に主張していて、その解釈が支持されるなど、時代もまた変わってきたと感じるようになりました。以前のような批判がくることもなくなりました。

90年代前半の頃は、団塊の世代の会員がたくさんいたためか、いろいろ言ってくることもありましたが、立ち上げ当初はうちの会員も20代・30代で８割くらいを占めていました。その彼らが現在は50代くらいになっています。現在まで残っている人というのは少ないですが、彼らは私の話について来ることができますし、もちろん天皇陛下が大好きです。皇居勤労奉仕に行ったりする人もいて、時代も変わったなと思います。

天皇陛下は本来、神様からの御稜威《みいづ》を受けて、それを私たち国民はじめ全世界の人々に分け与えるご存在です。これが本来の政事《まつりごと》のあり方だと思うのです。つまり祭政一致です。そこで重要なのは天皇陛下のご人徳に加えて、天皇という御位《みくらい》です。肉体上は人間ではあるものの、そこに神様が降りて来て、一体化する。そうすると「てんし様」になるわけです。その「てんし様」を戴いているからこそ神の国であるわけです。

それをなくせ、というのは日本ではなくなるということです。外国と同じになってしまうということですから。反日の人たちはそれをやりたいんじゃないでしょうか。

政治的、制度的な面から外国人に関することまで問題山積みの日本

令和の時代は、本当の意味での神国日本に戻っていく時代なのかもしれません。でもそこに至るまでには課題がいっぱいあって、我々国民はそれをやらなくてはいけません。それには外国人犯罪と向き合うような嫌な部分もたくさんありますが、逃げずに手をつけなくてはいけません。

陰謀論的になりますが、フリーメイソンに代表される裏の支配層も日本が世界の重要な中心地となることはわかっているみたいです。彼らのことを日月神示は「イシヤ（石屋）」と表現しています。ところが一番肝心な日本人の自覚がない。そこに反日勢力です。

反日は完全な悪と言えます。しかし「イシヤ」は必ずしも悪とは言えない。日月神示には「イシヤと手を組め」とある。戦うのではなく、むしろ手を組んで「ミロクの世」といわれる理想社会を築いて行きなさいと告げているのです。反日というのは日本の中心である天皇、神の御稜威を受けている天皇に弓を引く思想、あるいは行為です。これは自分に弓を引いていることと同じなのです。だから放っておいてもいずれは自滅していくでしょうけれども、やっぱりこの連中をどうにかしなきゃいけない。にもかかわらず、日本人自身に自覚が足りない。お花畑のような人たちを含めてです。

今この時代に日本人として生まれ合わせた意味をよく考えなければいけません。日本人として生まれたこと自体、すごく重要な意味があるわけです。反日の人たちを全員殲滅《せんめつ》してしまえという解決策はないわけだから、どうするかなのですが、考え方によっては反日の人たちにも役割があるのかもしれない。あの人たちによって多くの日本人が目覚めているのは事実ですから。だから神様は彼らのような存在も許しているのかなと思います。

このままだとヘタすると日本は滅亡寸前のところまでいってしまうかもしれない。日本が中国の一部のようになったら終わりだし、そうならないようにするために、日本人をいかに覚醒させていくかなのですが、政治的、制度的な面から急増する外国人に関することまで問題は山積みです。健康面にしても、食生活を含め、日本本来の良さを忘れ、あらゆるものが欧米化してしまっていて、本当にひどい状態なのです。昔は今のように食べ物は溢れていませんでしたが、食品汚染の問題などを考えても、戦前の方が「質」の面からするとむしろ食糧事情はよかったんじゃないかと思えるくらいです。さらに人口減少など、解決すべき問題がまだまだあります。天皇陛下が頂点におられ、霊的に波長を合わせていくことは大切なことなのですが、現実的な問題は現実的に解決していかなければいけない。そのバランスが大切だと思います。

日月神示の結論から言うと「日本を中心に世界がまとまる」とすでに決まっているのです。だからといって何もしなくてもいいということではありません。いずれはまとまるんでしょうけど、何もしないと何も問題は解決しないまま、悲惨なコースをたどることになるということです。だから大難を小難に済ませて、なるべくスムーズに次の世界に移行したい。それが日月神示が伝達された目的ではないでしょうか。

これから始まる経済崩壊!?

新しい御代を迎えたこと自体は喜ばしいことですが、諸手《もろて》をあげてめでたい、ということではありません。今までの膿《うみ》を出し切らないといけませんから、これから本当に大変な時代になる。そのプロセスを経て、初めて輝かしい時代を迎えるということだからです。

例えば天変地異的なものも、これからもっと多くなると思います。それだけじゃなくて経済崩壊も起きることが予測されています。かつての大恐慌みたいなことがふたたび起きれば、日本はまたガクッとなってしまうかもしれませんけれども、日月神示には今の文明が滅びるわけではないと書いてあるのです。魂が入っていよいよ光り輝くようになるのだと。

今の世の中は見た目には繁栄しているように見えるかもしれませんが、その代償として、よくないものも副産物的として発生しています。何かを生み出すと余計なものが生まれるようになっているのです。例えば原子力だったら核廃棄物、自動車だったら排気ガス。

プラスの何かを生み出すとマイナスのよくないものが同時に出来てしまう。これが新しい時代になると、よくないものは一切生まれない。いわゆるフリーエネルギーもそうです。

こうした次世代の基礎技術は、もうすでに日本にあるにも関わらず、今の日本の社会はそういうものを表に出さない仕組みになっているのです。

その技術のひとつが、私が懇意にさせて頂いているメーカーの開発した、ある「電池」です。これは消耗材もなくモーターも不要。発熱しないから冷却する必要もありません。実際に発電しているところも見せてもらいましたが、発生電力が微弱なので、製品化にはまだまだかかりそうです。ここの会社は常温超伝導の技術も持っています。従来、超電動状態を起こすには巨大な冷却システムが必要で、それにまた大量の電気が必要になります。日本生まれのこの技術なら常温の状態で超電導を起こすことができるのです。

「イシヤと手を組め」未だ属国状態の日本が取るべき道は

気づいてほしいのは、日本は未だにアメリカの属国であるということです。アメリカという実験国家の背後にいる勢力、といった方がいいのかもしれませんが。

だから、誰が日本の政権のトップになっても結局はその体制に組み込まれないとやっていけない。ではそこからどうやって独立国家本来の、日本のあるべき姿に戻していくんだということです。それが「イシヤと手を組め」の話につながってくると思うのですが、日本がこれから世界の中心になることがわかっているのなら、イシヤに〝勝ち馬〟に乗った方がいいと思わせるようにすることが大事なのかもしれません。

この大きな変革期を乗り越えるには、結局日本人自身が覚醒し、問題に向き合わないといけません。誰かが救ってくれるわけじゃない。一人一人がきちんと腹をくって行動を起こさないといけないということです。個人でできることは大したことではありませんが、ちょっとでも行動を起こす、あるいは人に伝えるのが重要かなと思いますね。

日月神示には、難しく考えなくてもいい、神様とてんし様に素直に波長を合わせていけばうまくいくとあるので、あまり理屈で難しく考えなくてもいいのです。

マスメディアが総がかりで日本国民が目覚めないように努力してきたものの、一般国民は潜在意識ではわかっているのです。

てんし様、すなわち天皇陛下のもとに心をひとつにする。そうすると幸福を感じるのです。新年の一般参賀も、ウチの会員の人たちとここ数年は参加するようにしていたんですけれども、だんだん皇居に並ぶ列が長くなっちゃって、私たちが目指すお出ましの回に入れなくなってしまいました。

その時、あるご家族にたまたま声をかけたのです。沖縄から参加されたご家族でした。沖縄では「皇居の一般参賀に行く」って言いづらいらしいです。でもそのご家族は、「絶対に来たいと思って来ました」と嬉しそうに言っていました。

あれが世界規模で広まる形が次の世だと思うのです。一般参賀というのは強制的に動員をかけられて集まってきているわけじゃないですから。みんな大変な思いをして、天皇皇后両陛下をはじめ皇族の方々のお姿を一目見て、弥栄を寿ぎたい。純粋に、ただその思いで集まっている。これが世界レベルになった時が、本当の意味での日本の時代になります。日月神示には、難しく考えなくてもいいんだ、神様とてんし様に素直に波長を合わせていけばうまくいくんだとあるので、あまり理屈で難しく考えなくてもいいのです。

日本人はそれを誇りに思っていいと思うのです。実際に世界の恒久平和を成し遂げられる国は、天皇陛下を戴く日本以外にはないのですから。

追い詰められないと目覚めない日本人、自分の身はさておいてもという気概が必要

今の中華人民共和国は、清朝末期の姿に重なるように思われます。あの時は辛亥革命が

起き、内乱が始まりました。日本も戦争への道を突き進む中で、世界大恐慌が起きました。

今回も、中国共産党が崩壊すれば内乱になる可能性もありますし、大恐慌もそこまで来ています。パターンとしては似ていると思います。中国共産党が崩壊したあと、軍閥が台頭して内戦が始まったりすると、どんどん難民が押し寄せて来ます。

それもあるし、国内にいる大勢の中国人旅行者が本国に帰れず、そのまま難民になってしまう。そういう細かいところまでシミュレーションして対策を立てておかないと、いざという時に間に合いません。

日本人だってもともとは誰でもどこかの祖先で渡来人の血が入っているものです。でも、外国からやってきて、長い時間をかけて同化していくのならいいのですが、いきなり何十万、何百万っていう単位が押し寄せてくるとどうなるか。彼らは日本に同化しようなどとはせず、自分たちの都合に合わせて日本人を変えようとするでしょう。

日月神示には「お宮まで外国の悪に潰されるようになる」と書いてありますから、もしかすると日本人の目を覚まさせるために、そういうことも起こりうる時期に来ているのかなと危惧しています。

そうした事態がたとえ起きたとしても、天変地異で滅びそうになった時でも、日本人はそのたびに立ち上がってきました。平安前期に起きた貞観《じょうがん》の大地震の時にも、富士山の大噴火の時にも、関東大震災の時にも、先年の3．11の時にも。とくに貞観の大地震は、今のパターンと似ているのです。貞観年間には富士山の大噴火もありました。その試練を乗り越えた後に、平安時代の国風文化が華開いたのです。

世が乱れる時には天変地異が起こりやすくなるのです。今人類が遭遇しているサイクルは、6000年続いた物質偏重型の文明の時代が終わろうとしているということではないかと思われます。それも、ガラガラポンと変わるんじゃなくて、100年くらいのサイクルをかけて切り変わっていく。今はちょうど過渡期なのです。次の時代が本格的に始まる頃には、我々はおそらく生きていないでしょう。我々は地ならしというか、次の文明を花咲かせるための種まきをしている、そういう役割かなと思っています。

この令和の時代があと何年続くかわかりませんが、仮に30年続いたとして、30年の間にはかなり変わっていくはずです。悪く見える局面もあるだろうし、膿もかなり出て来ると思いますが、日本の底力というものも同時に出て来るでしょう。

日本人の性質として、追い詰められないと目覚めないというのがあります。我々自身が責任をもって次の時代につなぐという役割を自覚してやっていかないといけないと思うのです。自分の身はさておいても日本の国が良くなるように尽くすという気概が必要だということです。

3．11の時も東北の人たちは、日本人古来の助け合いの精神を発揮してくださいました。ある避難所では、ようやく食料が届けられた時、「自分たちよりひどいところがあるから、先にそっちへ行ってくれ」と言ったそうです。でも本当は、自分たちのところにも食べ物はなかったんだそうです。これが外国だったら悲惨にことになる。それこそ我先に奪い合いです。

追い詰められた時に、人間の本質というのは現れます。私はそう心配はしていません。一般参賀にあれだけの人が押し寄せて、東京駅までずっと列が伸びて、暑い中一生懸命並んでいる。ああいう姿を見ると、きっと日本人は大丈夫だろうと思うのです。

番外編

何か御用を仰せ付けくださいまし

（たまゆら奇譚——私の身に起きた不思議な出来事より）

私は20代の前半から一時期、神道系の宗教団体に入っておりました。〝手かざし〟をすることで有名なところです。入信したのは、昭和60（1985）年の3月頃だったと思います。もともと一つのことに打ち込むところがある性格も働いて、それから毎日のように、当時渋谷にあった道場へ通うようになりました。

この時の体験が私を今日に導いた原点とも言えます。「第8章　神の声に導かれるように」では、私が「日月神示の作家」に至った経緯をお話しさせていただきましたが、この番外編では、日月神示そのものとのかかわりに至る経緯について、お話をさせていただきます。なお、この章は、私の方で発行しているメールマガジン「飛耳長目《ひじちょうもく》」に連載していた「たまゆら奇譚《きたん》――私の身に起きた不思議な出来事より」から抜粋したものです。

霊に取り憑かれる人を初めて目の当たりに！

この宗教団体にいる間、霊に憑かれている人をたくさん見ました。といっても、私は霊が見えるわけではなく、霊自身がその人の体を通して、この世の人間とやり取りをするわけです。言ってみれば、恐山のイタコみたいな感じですね。

取り憑くのは、人間の霊だけではありません。たとえば、猫の霊に憑かれていると、本物の猫が苦しんでいるように、鳴き叫んだりするのです。その鳴き声といったら、江戸家猫八も真っ青になるレベル。まさしく猫の鳴き声、そのものでした。

そして、憑依霊がいったん暴れ出すと、手がつけられません。か弱そうな女性であっても、ものすごい力で、大の男が4、5人でかかってやっと抑えられるほどです。霊に体の動きをコントロールされているので、憑かれている人もどうしようもないわけですが、本人は意識がある（目は瞑《つむ》っている）ので、恥ずかしいし、申し訳なさそうな顔をしながら暴れたりするのです。

いずれにせよ、総じて言えることは、こうした霊たちと会話したりしても、あまり良いことはないということです。善なる霊、というか「普通の霊」が出てきてくれればいいのですが、たいていは動物霊や、霊界に行き損なってこの世をさまよう霊ばかり。良くても、せいぜい何かを伝えたい先祖霊でしょうか。まして、高級霊が現れることなど、絶対にないと言っていいくらい、ありません。このあたりのことは、まさに日月神示の『龍音之巻』に書いてあるとおりです。

誰かに取り憑いている霊と対話し、悟って抜け出ていっても、気づいたらまた別の霊に憑かれている。そんなケースが多いようでした。本人の中に霊を呼び込む要因がある限り、キリがないのです。

私自身には霊能力がないので、何かが見えたり、聞こえたりといったことはありません。だから私自身は、幹部から〝手かざし〟を受け、語りかけられても、何も起きません。あまりにも何も変化がないため、無反応では申し訳ないと思い、わざと動こうかと思ったくらいです。

それは、神様の御用をさせて頂きたいからです！

霊体験の他にも、この教団ではいろいろな経験をしました。毎月一回、教団の本部がある神殿で開催される例祭に参加するため、全国各地から大勢の信者さんたちが集結します。電車や自家用車で行く人もいますが、バスで行く人が多く、東京からも貸し切りの大型バスが何十台も出ていました。私の所属は渋谷でしたので、そこから出るバスに乗って毎月のように行っていました。

やがて何回も参加しているうちに、「車両長」という役を任されました。いわばそのバスのまとめ役ですが、あの時からバスツアーのリーダーのようなことをやらされていたわけです。また、英語が少し出来ましたので、国際部という部署に属するようになり、海外の信者さんの通訳とかもやりました。初級研修の通訳には何度も駆り出されましたし、本部の神殿の中には同時通訳ブースがあり、そこにも通訳の一人として入ったりしていました。

そうした仕事はすべて「奉仕」なので、これにかかる一切の費用は、交通費や宿泊代も含め、全部自腹。要するにボランティアです。見返りはいっさいありません。さらに、本部での例祭とか、道場での例祭の時には、必ず「お玉串」としていくらか包んで奉納していました。私はそれで当たり前だと思っていました。

当たり前だと思ってやっていたわけですが、やはり、私の活動は目立つものがあったようです。自分の体験談を、大勢の信者の前で発表するということも何度もやりましたし、本業の仕事がある時以外は、すべてをこの教団の活動のために使っていましたので、やはり、幹部たちから見れば、

「あの若者は誰だ」

ということになるわけです。

3年くらい熱心にやっていたある時、「導士にならないか」と勧められました。導士というのは、信者を教導する専属の指導員のようなものです。教団から給料が出ますが、一生をその教団に捧げて過ごすことになるわけです。

私は、組織の中で生きるのは性に合わない人間だと思っていました。ですので、自分のペースでやりたいようにやる分にはいいのですが、導士というと、正直乗り気ではありませんでした。それで、のらりくらりと返答を引き伸ばしていると、私の属していた道場の道場長や幹部らが、実家の母を説得しに行ってしまったのです。

「中矢くんをください」

というわけです。

そこまで熱心に勧めるというのは、ひょっとしたら神様がそうしなさいとおっしゃっているのかもしれないと思い、腹を決めました。

幹部になるというのは、いわば出家と同じです。それまでの生活は、すべて捨てることになります。道場長らの推薦はありましたが、いちおう「志願」という形を取るため、私は教団上層部の幹部たちの前で面接を受けました。そこでこんなことを聞かれたのを覚えています。

「あなたは病気でもないし、収入もそれなりにあるようだ。それなのに幹部に志願するのはどうしてなの？」

私は驚きながらも、

「それは、神様の御用をさせて頂きたいからです」

と答えました。

みんなそういう動機で志願するものとばかり思っていたので、その質問は私にとっては意外でした。後で知ったのですが、幹部志願をする人というのは、本人や家族に病人がいるとか、経済的に困窮しているとか、仕事がうまくいっていないなど、何らかの個人的な問題を抱えていることが多いようでした。

私は健康面では問題なかったですし、仕事もそれなりにうまく行っていました。英会話講師としても忙しかったし、フリーで翻訳や通訳の仕事もやっていましたので、月収はだいたい40万円くらいはあった記憶があります。言ってみれば個人的な悩みというのは、何もなかったのです。そういう生活をすべて捨てて、幹部の道に飛び込むというのは、珍しかったみたいです。

当時の私は、この教団こそ世界最高と信じ、真剣な思いで活動していました。そしていよいよ自分が幹部を目指すことになり、その道に飛び込んだ。ですが、いったん内部に飛び込んでみると、「あれ、おかしいな」と引っかかるような点や疑問点がいろいろと目につくようになり、このまま幹部になるべきなのか迷いのようなものも芽生えていました。

そのような時に、この教団から去るきっかけとなった、ある出来事に遭遇したのです。

「御神体」移動中の事故に衝撃を受ける

道場長からの強烈な推しもあり、私はついに幹部になることを決意し、「第22期訓練生」に志願しました。しかし、いったん教団の内部に飛び込んでみると、いろいろと疑問が湧いてきました。このまま幹部になっていいのだろうかという〝迷い〟が生じてきたのです。

一つ例を挙げると、こんなことがありました。その教団は神道系でしたので、いわゆる根源神に相当する神様を最高神として奉じています。「御神体」といっても、掛け軸のようなものですが、道場だけでなく、一定の条件を満たせば個人宅でも奉斎できました。御神体の拝受は大変に栄誉なことであり、本人だけでなく家族からご先祖様に至るまで、一族が救われるものと信じられていました。

その御神体を本部から頂いて車で移動中の幹部数名が、事故に遭ってしまったのです。たしか、同乗していた導士さんは亡くなってしまったと思います。この事故について、教団内では伏せられていましたが、地元の新聞には載ったはずです。私はこの時、訓練生として内部にいたため、耳に入ってきましたが、聞いた時はさすがにショックでした。

なんと言っても「御神体」を運んでいるわけですから、守られて当然のはず。その御神体を運んでいる最中に自動車事故に遭い、死者まで出してしまうなんて、一般の信者にどう説明したらいいのでしょうか（説明できないので伏せるしかないわけです）。

また、教団幹部の人間性に疑問を抱くことも多々ありました。「導士」であれば、霊的レベルが高いとされるわけですし、人格的にも優れていなければいけません。いわば他の信者のお手本となるべき立場です。それなのに、道場を抜け出してはパチンコ通いに明け暮れるとか、女性の幹部による同性の幹部候補生への、指導を超えたイビリやイジメなどを何度も目撃しました。

そうした数々の理由から、私の中では疑問がふつふつと湧き始め、幹部を目指すという志も次第に揺らいできたのです。幹部の卵である訓練生は、中部地方にある幹部養成施設に集められ、訓練を行います。そこには日本全国から100人くらい、海外からも20人くらい来ていました。

先祖の霊から「一日も早く、本当の神様の御用になされますように」

訓練期間中にも、全国各地の道場へ、現場実習という形で派遣されます。私の派遣先は、奈良でした。この時、ある出来事が起こりました。道場内で、一人の中年の女性と対座し、いつものように手かざしをした時のことです。祝詞を奏上すると、女性の表情が一変し、すぐに霊が現れたものとわかりました。

教団用語で「浮霊《ふれい》」と言いますが、霊が現れると、表情から姿勢、雰囲気などが変わり、別人のようになってしまうことがあります。女性は背筋をピンと伸ばし、男性的な、厳しい表情をしています。私はここで「霊査」を試みました。憑依している霊がどのような霊かを審問するもので、いわば審神《さにわ》と同じです。

いちおう、訓練生といえども道場では指導する側の立場にありましたので、こういう場合は「霊査」をすることが多いのです。腰の刀の柄を握るような仕草。見るからに立派な態度です。（この霊はお侍さんだろう）と私は思いました。手始めに簡単な質問から聞いてみました。

「この方《かた》にお憑かりの御霊様にお伺い致します。御霊様は、この方にゆかりのある方ですか？」

こちらの問いかけに対する霊の返答の仕方は様々です。声は出さずに、首を縦か横に振ることで「はい・いいえ」で答えることが多いですが、慣れた霊では普通に人の体を使って話す霊もいます。

その霊は、私の質問には答えず、ただ目を閉じたまま、右手をスーッと真っすぐ、中ほどの位置にまで上げました。そして次の瞬間、人差し指で、私の心臓のあたりをズンッ！と突いたのです。そんなことをされたのは初めてでしたので、ちょっとびっくりしました。同時に私は、ハッ！と直感しました。

（私のご先祖という意味だ……！）

私はにわかに緊張しました。なぜご先祖が出てきたのか、瞬時に悟ったからです。先に述べたように、私はこの時、導士を目指すことなんかやめて、一般の信者になり、元の生活に戻ろうかと考えていました。当然、迷いもありましたが、誰にも相談できずにいたのです。私はこの（ご先祖様らしき）霊が、私の心情を察知して出て来られたのだと即座に理解しました。

やがて霊は、この女性の口を通じて、語り始めました。すべては覚えていませんが、記憶に残っているのは、次の言葉です。

「あなた方（信者たち）は、こんなこと（片手を軽く上げて、手かざしをする仕草）をしながら『御神業』などと申しておる。そんなことで神様の御用をさせて頂いていると思ったら、大間違いだ！　こんな、あなた方の言う御神業など、幽界での修行に比べたら・・・（歯噛みして、苦しみに耐えるような声）・・・」

普通なら、こちらから憑依霊を諭すのが通例なのに、逆に私の方が説教されているようです。私は何も言えず、黙ったまま霊の言葉に耳を傾けていました。そして最後に、こんなことを言われました。

「一日も早く、本当の神様の御用になされますように。心より心より、お願い申し上げます」

そして自ら、霊動を鎮める〝おしずまり〟のポーズを取ったのです。私が「おしずまり」をかけると、女性はもう素に戻っていました。

「どうですか、大丈夫ですか？」

私がそう尋ねると、

「ええ、大丈夫です。あたし、よくこんな霊が出てくるので、気にしないでくださいね」

と明るく言われたものの、私は霊から言われた言葉がすごく気になっていました。たしかに、幹部を目指すことはやめようかとは思っていたわけですが、この時点では、この教団の教えや、やっている活動については間違いないと思っていたのです。

（今の御神業は神様の御用なんかじゃないって？　じゃあ何をするのが本当の神様の御用だと言うのか？）

このまま幹部になるべきか、やめようかと一人で思い悩んでいた時、まさに迷いの元を、私はあの霊にズバリと突かれたのです。

幹部への道を断念

「一日も早く、本当の神様の御用をなされますように」

私のご先祖様と思われるあの霊から、そういう言葉で諭された後、ほどなくして私は幹部への道を断念し、帰ってきました。たとえ幹部になんかならなくても、一般信者として頑張ればいいし、通訳などの奉仕活動で貢献することも一つの道だろうと考えたのです。

一度決断したら、すぐに動きます。奈良の道場長にお話しし、いったん訓練所に戻りました。

「本当にやめるつもりか？　考え直してはどうか」

当然、訓練所でもそう慰留されましたが、きっぱりと断って実家に帰ってきました。この時には、すでに自分の中で何かが変わっていたのだと思います。そして再び、毎日のように顔を出していた古巣の道場へも通い出したのですが、「出戻り娘」みたいな感じで、どこか居心地の悪さを感じました。

それに加え、教団に対する疑問点もいろいろ目にしたせいか、奉仕活動への情熱も失せてしまっていたようです。そして、実家に戻ってきて、一ヶ月くらい経った頃、教団自体も辞めてしまいました。昭和63年の8月頃のことだったと思います。辞める時にはためらいはありましたし、辞めた後も、けっしてスッキリした感じはしませんでした。

見返りを求めていなかったとはいえ、四年近くの時間と収入のほとんどをつぎ込んできたわけです。教団と完全に縁を切ったことで、自由の身になったものの、心は沈み、笑顔は消え失せ、ろくに口もきかなくなりました。心神喪失状態というのでしょうか。毎日を生ける屍のように過ごしていました。母親もだいぶ心配していたようでした。

（もしかしたら、自分は神様を裏切ってしまったのではないか？）

（私は間違った選択をしたのではないか？）

そんな思いが頭をよぎることもありました。

幹部の人から自宅に電話がかかってきて、

「中矢さん、今だから言うけど、貴方には相当期待がかかっていたんですよ。今ならまだ間に合います。戻ってきてくれませんか」

と言われましたが、結局、戻ることはありませんでした。

何が正しい道なのか

この頃、親戚の叔母に誘われ、ある宗教団体に顔を出し、入信もしてみました。そこは世界救世教から分かれた小さな団体でしたが、長続きはしませんでした。やはり〝手かざし〟系ですが、「霊の抹殺」という、ちょっと穏やかでないこともやっていました。そこには2、3ヶ月くらいしかいなかったと思います。

当時は本当に迷走していました。何が正しい道なのか、何をすれば神様の御用になるのか。必死に模索していたのだと思います。いろいろな宗教関係の本を読み漁《あさ》ったりもしました。ちょうど世の中では、バブルに沸いていました。あふれ出たお金が、飛び交っていた時代です。しかし私は、そちらの方面にはまったく興味がありません。ひたすら、あのご先祖さんらしき霊に言われた「本当の神様の御用」とは何かを、探し続けました。

今なら、ネットで検索すればいろいろな情報が得られるのですが、当時は神道系の宗教の流れを把握することさえ難しかったのです。それに、教団に所属していると、他の教団について勉強することはタブーのような雰囲気がありました。出口王仁三郎や大本といった名前は、ちょっと耳にしたことはあったと思いますが、あえて調べてようとは思いませんでした。

私は、迷子のようでした。どちらに向かったらいいのか、わかりません。そんなことで悩むなんて、バカバカしいと普通の人なら思うことでしょう。私もあの時、何故あれほどまでに悩んでいたのか、さっぱりわかりません。

仕事に集中すれば、それなりにお金も稼げましたし、その稼いだお金を運用すれば、面白いように儲かったのだろうと思います。でも、あの時の空虚さは、お金で満たされるような簡単なものではなかったのです。

『太神の布告』と日月神示

そのうちに昭和が終わり、平成の世になりました。ちょうどその頃、よく訪れていた渋谷の書店に立ち寄った時のことです。いつものように宗教関係のコーナーに行ってみると、『太神《ふとがみ》の布告』というタイトルの新刊が、平積みになっていました。ふと、手にとってパラパラと見ると、何かの予言というか、神示の抜粋であることがわかりました。

（これって、もしかすると、日月神示というやつじゃないのか？）

これは裏話になりますが、平成３（１９９１）年出版の拙著『日月神示』の「はじめに」に〈『太神の布告』と題されたその本を開いたその瞬間、私の体を強力な電流がつらぬいた〉という記述があります。じつはあの「はじめに」の部分だけは、私ではなく、当時の編集者が書いたものです。実際は、「これって日月神示ってやつじゃないのか」と思った程度でした。

早速購入し、貪《むさぼ》るように読みました。初めて、日月神示の「ダイジェスト版」を入手したわけです。ただ、当時の私は神示というより、言霊《ことたま》の研究に興味を持っていました。『太神の布告』の巻末に、言霊研究家の小田野早秧《おだのさなえ》先生のことが書いてあったので、小田野先生とコンタクトを取り、教えを請いたいと思いました。ところが、連絡先がわかりません。そこで、同書をまとめたH先生に小田野先生を紹介してもらえないかと出版社宛に手紙を書いたところ、H先生から直接連絡があり、「よかったら家に遊びに来ませんか？」とお誘いを受けました。これがご縁で、当時は北品川にあったH先生の長屋のようなお宅へ、二日に一回ぐらいの割で、通うようになりました。

　そうしたある日、H先生から「日月神示の全巻本が何冊か手に入ったよ。1万円だけど欲しいかい？」とお話がありました。ダイジェスト版でなく、全巻本なんて、市場では手に入りません。私はその場で1万円を出し、購入しました。それが、「至恩郷《しおんきょう》」発行の『日月神示・全巻』四巻セットです。ついに、日月神示の全文を入手したわけです。こうして私は、何かに導かれるように、日月神示の道に入っていったのです。

　余談ですが、『〔完訳〕日月神示』は値段が高いという話を、時々ですが、耳にします。私が全巻本を手に入れた時は、言い値で1万円でした。でも、（高いなあ…）なんてこれっぽっちも思いません。たとえ2万円でも3万円でも、即座に支払っていたと思います。同じ時期、北茨城の皇祖皇太神宮まで車を運転して行き、『神代の万国史』という大型版の本を購入したこともあります。「竹内文書」ですね。あれは当時、3万円という値段がついていましたが、べつに高いとは思いませんでした。私は、本当に価値のあるものに対しては、お金を惜しみません。本当の神の道を知るために、命がけでした。たった数万円程度で真実の一端を知れるのなら、安いものです。

お金や時間、手間暇を惜しむようでは、大したものは得られないと今でも思います。日月神示にも、そんなような言葉がありますね。

「進むには、それ相当の苦労と努力いるぞ。あぐらかいて、懐手《ふところで》していては出来ん。時もいるぞ。金もいるぞ。汗もいるぞ。血もいるぞ。涙もいるぞ。良いものほど値が高い」

（『春の巻』第59帖）

◉のゝとまったく同じ形の雲

宗教団体をやめた後、たしか日月神示に出会うか出会わないかぐらいの時期に体験したことです。体験、といっても大したことではないのですが……今もなお記憶に鮮明に残っている出来事があります。

その頃、私は英語関係の仕事に戻り、世田谷区の桜新町というところで一人暮らしをしていました。ある日の昼間、桜新町の商店街を歩いていた時のことです。ふと、前方の空を見上げると、目の前の青い空に、珍しい形の大きな雲が浮かんでいました。それが、⦿のヽとまったく同じ形をしていたのです。

どんな形か、おわかり頂けますでしょうか。私の本の表紙デザインには、この⦿のしるしがよく使われています。あのヽの形です。筆で跳ねているところまで、そっくり同じでした。

けれども、その時は、「あれ……あの雲、でっかいヽみたいな形だな……」と思った程度でした。この⦿あるいはヽが何を意味するのか、私は日月神示と出会う以前から知っていました。大本系から別れていった団体や、そこからさらに分派していったところは、⦿が最高の創造神、最上の神と教えているようです。私もそのように教わりました。

「⦿の神」あるいは「ヽの神」と書いて、「主《ス》の神」とか「主神」といいます。だから、この時の雲の形を見て、すぐにヽの形にそっくりだと、気づいたのです。

そんな不思議な雲を見たのと、ほとんど同時期だったと思います。やはり桜新町で、昼食をとるために外出した帰り道でした。この日は快晴で、雲一つありませんでした。それなのに、歩いていると突然、パラパラと雨が降ってきたのです。

（あれ、雨？　天気雨かな？）

と思いました。

すぐには何とも思いませんでしたが、空を見上げても、本当に一点の雲もない、キレイな青空です。はじめは、これは自分の気のせいかとも思いました。ところが、同じ道を歩いていた女子高生たちが「なにこれ、雨？」とか言いながら慌てて走っていくのを見て、これは気のせいではなく、間違いなく、雨が降っていると確信しました。パラパラパラパラと降って止みましたので、長い時間降っていたわけではありませんでした。

これらの体験は、どちらも一回きりです。その後、しばらく歳月が経った時に、あの桜新町での体験は、神様からの何らかのお諭しだったように思えました。桜新町に住んでいた頃は、毎日悩んでいたからです。私には霊能力がないため、神様から何かメッセージを受けたくても、声が聞こえたり、感じたりすることはできません。ですが、ただ気づかないだけで、必要に応じて神様からのメッセージを受けているのかもしれません。そうだとすると、私だけでなく、誰であっても、受けているのではないかと思うのです。

明らかな霊的体験のような出来事でなくても、今お話ししたような自然現象という形で、何かを伝えるということもあると思います。

とくに、雨や風のような天候気象は、龍神様もある程度はコントロールする力があると言われています。雨や風など、空に起きる現象だけでなく、地震としても顕れるのかもしれません。地震に関しても、不思議に思ったことがあります。

講演会を狙ったように起き続けた地震

『日月神示』を出版してから、私は講演会に呼ばれるようになりました。当時は、オファーさえあれば、規模や場所などに関係なく、どこでもお話ししていました。

平成4（1992）年から5（1993）年の頃だったでしょうか。名古屋での講演会に呼ばれた時のことです。地元のテレビ局関係の方が主催者で、けっこう大きな講演会でした。講演者は私も含めて3名が予定されていて、その一人に、岡本天明さんの奥様の三典《みのり》さんもおられました。

開催日当日、名古屋へ向かおうとしたところ、新幹線が運転を見合わせているとの情報が入りました。というのも、その日の午前中、東海か近畿地方を震源とする中規模の地震が起こったためでした。しばらく待っていると、運転が再開されたのですが、講演会には遅れてしまいました。（主催者の方には電話で事情を説明し、講演者の順番を入れ替えてもらうことで対応して頂きました。）

それから、何年のことだったか忘れましたが、成田市で講演をした時など、まさに講演の最中に地震が起きたこともあります。震源は千葉県北西部のあたりだったでしょうか。震度は5ぐらいだったと思います。

90年代の頃は、こういうことがしばしばありました。それも講演会当日、狙ったかのように地震が発生するのですから、これは龍神様が何かしらの意図で動かれたのかなとも思いました。

話を元に戻しますが、日月神示に出会うか出会わないか当時の私は、神様の御用とは何か、自分はどういう方向を目指したらいいのかわからず、悶々としていました。でもなぜだか、守られている気がしていたことも、事実です。〻の形をした雲を見た時も、快晴の空から雨が降ってきた時も、不思議だなあと思ったものですが、同時に心のどこかで、神様からの励ましを感じていたのです。

自分流の英会話上達法の本を書きあげる

初作『日月神示』を出した頃の私は、英語関係の仕事に復帰し、ある英会話学校の非常勤講師をしたり、翻訳や通訳などをフリーランスでやったりしていましたので、それなりに忙しくしていたと思います。でもそれは、あくまでも日々を食いつないでいくための仕事であって、英会話産業に一生を捧げようとは考えていませんでした。それに、英会話産業に携わる者として、そのカリキュラムには大いに疑問を持っていました。

受講する生徒たちは、けっして安くない授業料を支払い、90分のレッスンを週2回、半年とか一年とか、真面目に受けたとしても、英語を「マスター」することなど、ハッキリ言って難しいのです。それなら、本当に英語をしゃべれるようになるためには、どうすればいいのか？

私は、講師として教えながらも、内心は、（こんなことにお金と時間を使っても無駄だ。本当に英語力を身につけたいのなら、独学で、お金をかけずともできる）と考えていました。当時はバブル全盛で、英会話産業も花盛りでしたが、私自身は、この欺瞞《ぎまん》に満ちた英会話ビジネスには不満を持つというより、憤慨していました。また、自分もそれに関わる者として、罪悪感を持っていたのです。

ついに私は、英会話スクールを辞めて、自分流の英会話上達法を本にまとめようと思い立ちました。そして、「20日間でペラペラになれるなんて、有り得ない」「英会話スクールの宣伝文句は嘘ばかり」「本当に英語をしゃべれるようになりたいならこういうことをやれ」という胸の内を、原稿用紙にぶつけていったのです。

そうやって書き上げたものの、出版のツテはありません。いくつかの出版社に原稿を送ったりもしましたが、何の返答もありませんでした。英語教育者としても経歴もないし、ネームバリューもないのだから、当然ですね。

初著作が次の展開に結び付く

ところで、当時の私は、海外ニュースの翻訳の仕事で、有楽町にあったAMラジオ局のニッポン放送に、週3回くらい顔を出していました。その関係でお付き合いのあった編成局のTさんに、もののついでという感じで、書き上げた原稿を読んでもらおうと思いました。編成局に行くと、あいにくTさんは不在だったので、「こういうの書いてみたので、よかったら読んでください」とか何とか書いたメモを残し、数百枚の原稿用紙の入った封筒を、Tさんのデスクに置いておきました。

Tさんは局内でもやり手で、非常に多忙な人なので、読んでもらえなくても仕方がないと思っていたのですが、意外や意外、次に局で会うと、「あ、中矢くん、原稿読んだよ。けっこう面白いじゃん」と言うのです。

こんなに早く読んでくれるとは思わなかったですし、時に辛口の評価もズバズバ言うTさんの口から「面白かった」という言葉が聞けたので、とても嬉しく思いました。

それだけではなく、Tさんは、「この原稿、扶桑社に持っていってみるよ」と言ってくれたのです。

扶桑社は、ニッポン放送と同じフジサンケイグループの出版社です。Tさんの話では、ちょうど扶桑社で英会話の本を4冊出す計画があって、2冊は決まっているものの、残り2冊の企画がまだ決まっていないそうだから、そこに持っていってあげるとのこと。

そうしたらなんと、扶桑社で本が出せることがトントン拍子に決まってしまったのです。

こうして出版されたのが、『英会話即戦力』（1989年）という本です。まったくの無名で、本を書くことさえ素人だった私の原稿を、本の形にして世に送り出してくださったのは、Tさんのお蔭であり、私にとっての大恩人なのです。（今でもTさんとは毎年、年賀状のやり取りをしています。）

都内の本屋で並んでいる自分の本を見た時は、本当に感動しました。毎日、何軒も本屋を覗《のぞ》いては、「あ、昨日より減っている」とか「ここは平積みにしてくれている」とか、チェックしていたものです。そして心の中では、（こりゃもしかすると大ベストセラーになるんじゃないか。きっと50万部とか100万部とか、売れるかもしれないぞ）とか、たいそうポジティブなことを考えていました。

ところが、私の妄想に反して、重版はかからずじまいでした。とはいえ、初刷りが1万5000部くらいだったので、デビュー作としてはなかなかの線だったと思います。『英会話即戦力』はヒット作とはなりませんでしたが、この本を読んでくれたビジネス系の出版社「こう書房」からコンタクトがあり、次作の執筆の依頼を頂きました。こうして翌年、私の2作目にあたる『ケンカのできる英会話』（平成2〈1990〉年）が出版されることになったのです。

89年、90年と言えば、バブルがピークを迎えていた時です。日経平均株価は、４万円の大台に届こうとしていました。今の若い人たちには実感しづらいでしょうが、お金が余ってしょうがないという、まさに狂乱の時代でした。でも、私はそうしたバブリーな社会現象とは、まったく無縁でした。

バブル景気の陰で「世紀末予言ブーム」

一方、そうした華やかさの陰では、世紀末的な予言ブームも起きていました。世の中は好景気に沸き、日本経済は世界を制覇しそうな勢いです。でも、果たしてこれでいいのだろうか？　こんなことがいつまでも続くのだろうか？　そんな先行きへの不安を抱えている人は、少なくなかったと思います。

未来はどうなるのだろう、そこが知りたいという不安感もあったと思います。「１９９９年７月に空から恐怖の大王がやって来る」という有名なノストラダムスの予言や、それに類似した人類滅亡説を信じる人たちもいました。テレビや雑誌でも、そうしたオカルトの特集が組まれることもよくありました。

もし、本当にもうすぐ世界の終末が来るとすれば、いくら働いたところで、いくらお金を貯め込んだところで、意味ないのではないか。どうせみんな死ぬんだし。でも、そんな予言は本当なのか？　回避する道はあるのか？

その答えや救いを求めて、宗教に走る人も多くいました。宗教というのは、たいてい終末思想を唱えるものです。新興宗教には多いですが、既存の宗教でも、だいたいそうですね。「ヨハネの黙示録」もそうですし、仏教にも末法思想と「弥勒下生《みろくげしょう》」があります。私が属していた教団もそうでした。そこでは、今の文明が滅んだ後に訪れる新文明を「霊主文明」と呼び、その地上天国に残れる人を「種人《たねびと》」と呼んでいました。私は、教団とは完全に縁を切っていましたが、この教団にいた4年間で学んだことを全部捨ててしまったわけではありませんでした。

現代の文明は、滅び去る運命にある。しかしそれは、世の終わりでもないし、人類が滅亡するわけでもないが、霊的に進化した人間のみが、次の世に残ることになる。そのような神様のシナリオ（経綸）は真実なのか、それともデタラメなのか。私としては、本当のことが知りたかったのです。

2年続けて英会話の本を出せたことは嬉しかったのですが、自分が進むべき道がわからず、この時期は毎日、悶々としていました。なお、その翌年に『日月神示』を出版し、私は噴出するように次から次へと本を出すことになるのですが、いつの間にか、累積発行部数は50万部を超え、１００万部を超えていきました。つまり、最初に英会話の本を出した時の私の妄想は、気がついた時には本当に、現実のものとなっていたのです。

具体的に何をしたらいいのか

話は戻りますが、『太神の布告』という日月神示のダイジェスト版が出ると、この本をまとめたH先生との交流が始まり、麻賀多神社にも毎月一回は参拝するようになりました。これをきっかけに日月神示を深く知るようになっていくわけですが、人生がガラリと変わるとか、運命が好転するとかいう事態は、何も起きません。

日月神示を読んでみると、たしかに素晴らしいものを感じました。ただ、これまでに他にも神道系の神典類はいくつか読んでいましたので、日月神示だけが飛び抜けて優れているとか、電流が走るような衝撃を受けたとか、そんなふうには思いませんでした。

神示として、かなりランクの高いものだと思いましたので、まずはじっくりと、何度も読むことから始めようと思いました。そのあと、以前にお話ししたように、H先生から全巻本を入手することになるのですが、一つ、思い出したことがあります。

当時は、日月神示の全文など容易には入手できませんでしたので、まずは、H先生がお持ちの全巻本をお借りして、H先生の許可のもと、神示全文をノートに書き写そうと思い立ちました。そして、第1巻『上つ巻』第1帖から、手書きで丁寧に書き写していきました。何の巻まで書いたか忘れましたが、途中まで書いたところで、H先生から「全巻本が手に入ったけど、欲しいかい？」と聞かれたのです。

全文を書き写してでも全巻を入手して勉強したいという私の熱意に、神様が応えてくださったのかなと思いました。1万円という値段でしたが、べつに高いとか思いませんでした。私が日月神示の全巻本を入手した時はこんな感じでしたが、今はネット上で全文が読めたりもします（不完全なバージョンですが）。『〔完訳〕日月神示』は5，500円（税別）という値段ですが、時々、これでも高いという人がいます。そういう声を聞くと、正直、ふざけてるのか？と思います。これくらいで「高い」と感じるくらいなら、その人はまだ本格的に読む時期ではないと思いますので、買わない方がよろしいです（そんなことは言いませんけど）。

話が逸れましたが、当時私は、まだ日月神示を一人で拝読するだけで、では具体的に自分は何をしたらいいのかというと、わからないままでした。その頃は、岡本天明さんの奥様の三典《みのり》さんが、「ひかり教会」から名称が変更された「至恩郷」という宗教法人の代表を務めていることは知っていました。ただ、小さな団体であり、とくに活動などもしていないようでしたし、場所も三重県の菰野町《こものちょう》ですので、ちょっと行くには遠く感じていました。

この時点で、英会話の本が出ることにはなっていたものの、自分はどういう道を進めばいいのか……。毎日そんなことばかり考えていた頃、『出口王仁三郎《でぐちおにさぶろう》』という小説を書店で見つけ、読み始めました。これがものすごく面白いのです。明治・大正期の丹波の情景が生き生きと描かれており、まるでその時代を追体験しているようでした。人物描写も見事で、そこに大本の教学が盛り込まれるなど、ただ面白いだけでなく、勉強にもなりました。

この本の著者は「十和田龍」。ご存じの方もいると思いますが、本名を出口和明《やすあき》と言います。出口王仁三郎の孫にあたる方です。大本は本家でもいくつかの団体に分かれているのですが、出口和明さんはそのうちの一つ、「愛善苑」を主宰していました。そこでは

『霊界物語』を中心とした活動をやっていたようです。

何か御用を仰せ付けください

　さて、その『出口王仁三郎』を読んでいくと、若かりし頃の出口王仁三郎（当時は上田喜三郎）の霊体験や、高熊山《たかくまやま》での修行の場面が出てきます。ある日、上田喜三郎のもとに、黒いステッキに燕尾《えんび》服を着た「松岡」と名乗る仙人が現れ、喜三郎は誘われるように高熊山に赴き、一週間の山ごもりをします。

　そこでの神秘体験が、『霊界物語』の原型になったと言われています。そうした描写がとてもリアルで、読んでいくうちに、自分も神秘体験とか神がかり現象を体験してみたくなりました。私には、見えないものが見えたり聞こえないものが聴こえたりといった霊能力はありません。でも、本気で神様に祈れば、自分にもそういうことが起こるのではないか。ひょっとしたら、自分のもとにも「松岡」のような仙人が現れ、導いてくれることもあるかもしれない。

　そんなことを考えていると、居てもたってもいられなくなりました。そして、真夜中、実家の車で麻賀多神社へ向かったのです。ほとんど寝ていなかったはずです。それくらい思いが募《つの》っていました。正確な時間はわかりませんが、午前3時頃には麻賀多神社に着いたでしょうか。まだ夜も明けていない頃ですから、もちろん境内には誰もいません。

天之日津久神社の、当時は本殿右手奥の御神木の前にあった古い小祠の前で、土下座するように突っ伏しました。

「自分はどうしたらいいのでしょう。何か御用を仰せ付けください。お声を聞かせていただけるものならお聞かせください……」

そうやって、一心に祈り続けたのです。少し、小雨が降っていたと思います。ですが、いつまで経っても何も起こりません。2時間以上、突っ伏していたでしょうか。そのうちに、あたりが明るくなってきました。

「こんなことをしていても、何も起こるわけがない」

私はあきらめて立ち上がり、丁寧に一礼すると、帰路に着きました。それがたしか、平成元（1989）年5月の頃だったかと思います。人の運命というのは、もともと決まっているのでしょうか。それとも私の真剣な祈りを、神様が聞き届けてくださったのでしょうか。

神様に「何か御用を仰せ付けください」と真剣に祈ってから、ちょうど2年後の5月、初作『日月神示』が世に出て、私の人生は激変することになるのです。私と同じことをすれば、誰の身にも同様のことが起こるとは言えないと思いますが、ただ、日月神示にはこんな一節があります。

「神様を真剣に求めれば、神様は人間様を真剣に導いて下さるぞ。結構に導いて下さるぞ」（第26巻 黒鉄の巻 第13帖）

あとになって、この一節がとても重く、心に響いたものです。

巻末資料　ぜひ参拝に行ってほしいお勧め神社13選

ぜひ一度は参拝に訪れてほしい神社をピックアップしてご紹介します。

とりあえず十三社を選びましたが、これらの神社だけが特別というわけではなく、重要な神社というのは他にも日本各地にたくさんあります。それらは「パワースポット」と呼んでも差し支えないところでもありますし、歴史的にも非常に古く、聖地とされていたり、多くの人が強いエネルギーを感じたりするところであったりします。

誰でも知っている有名な神社も含まれていますので、すでに何度も行かれたことがあるという方もいらっしゃると思いますが、本書をお読み頂いてから参拝すると、さらに深いものを感じることができるかもしれません。

なぜ私が今回これら十三社を取り上げたのか、各神社の由緒を含めて本格的に書き出すと相当な頁数が必要となりますが、残念ながら紙幅に限りがありますので、この程度の説明でご容赦願えればと思っています。

各神社を訪れる際に、ご参考にして頂けましたら幸いです。

●大神神社《おおみわ》（奈良県桜井市）

大和の神奈備《かんなび》とも呼ばれる三輪山は、特別な霊山として古くから信仰を集めてきました。この山に鎮まる神を祀る神社が、麓《ふもと》にある大神神社です。

大神神社には、拝殿はあるものの本殿がなく、その背後に聳《そび》える三輪山自体が、御神体となっています。山そのものを神と崇めていた頃の、原初的な神道の形態を残す典型的な神社です。

主祭神は、大物主大神《おおものぬしのおおかみ》。また大己貴神《おおなむちのかみ》と少彦名神《すくなひこなのかみ》を配神とします。

明神型の鳥居を横一列に三つ組み合わせた「三ツ鳥居」でも知られています。

かつては三輪山全体が禁足地として定められていたこともあり、現在でも勝手に立ち入ることは禁じられています。登山者は、唯一の登山口である摂社の狭井《さい》神社から、社務所において住所氏名を記帳してから初めて登山を許されます。狭井神社は、正式名を「狭井坐大神荒魂神社《さいにいますおおみわあらみたま》」といい、大物主の荒魂《あらみたま》をお祀りする神社です。

入山したらそこは聖地です。写真撮影や飲食などは厳禁ですので、ご注意ください。

●皇大神社《こうたい》（元伊勢内宮）と日室ヶ嶽《ひむろ》《たけ》（京都府福知山市）

旧大江町にある皇大神社は、元伊勢の一つ。御祭神は天照皇大神《あまてらすすめおおかみ》。創建年代は不明で、大神神社と同様、「日室ヶ嶽」という御神体山を持ちます。日室ヶ嶽は、現在でも全山が禁足地で、立ち入ることはできません。

こちらの神社もおそらく、もともとは御山そのものが神であり、御神体として崇拝の対象であったのだろうと思われます。そして後に、御山を拝むために、神社が建てられたのでしょう。本殿の方も重要なのですが、それよりも御山の方がより重要です。

日室ヶ嶽は、元伊勢側から見ると美しい円錐の荘厳なフォルムをなしています。「日本のピラミッド」と呼ばれる先駆けとなった山です。本殿左手の道を進んでいくと、日室ヶ嶽を拝める遥拝所があります。氣に敏感な人は、ここから遥拝するだけでも非常に強いエネルギーを感じるといいます。霊能者のような人たちも、そこから発する霊的エネルギーを身に充填させるためか、よく訪れるそうです。

あまりメジャーな神社ではありませんが、〝知る人〟の間では大変有名な神社です。

●出雲大神宮《いずもだいじんぐう》と御陰山《みかげ》（京都府亀岡市）

丹波国一ノ宮の出雲大神宮も、相当古いお宮で、やはり御神体山があります。

ご祭神は、現在は大国主命と三穂津姫命《みほつひめ》の二神となっていますが、当社の縁起書によれば、本来は本殿の背後に聳える円錐形の御陰山そのものが、神体山として太古から崇められていたといいます。それはこの陵に国常立尊《くにとこたちのみこと》が葬られたことによるものらしいのです。つまり、『日本書紀』の冒頭に出て来る国常立尊は、実際に存在した御方であるということです。

いわゆる古史古伝の一つである『富士文献（宮下文書）』によれば、国常立尊は、田場《たば》（丹波の古地名）の真井原《まないはら》に神都を設け、桑田宮《くわたのみや》を築き、日本の半分を農業を主体として理想的に統治しました。そして崩御した後は現在の御陰山に葬られ、出雲毘女《いずもひめ》らによって守護されることになりました。そして出雲毘女が薨《こう》じると、三穂津毘女と諡《おくりな》されて御陰山に葬られ、出雲大神と呼ばれるようになったといいます。

この出雲大神宮のすぐ近くには、大本本部「天恩郷」があります。丹波の地に大本が興り、〝艮《うしとら》の金神《こんじん》〟こと国常立大神が世に出されたのは、古代からの深い因縁と神様のお仕組みがあってのことだったのです。

●荒祭宮《あらまつりのみや》（三重県伊勢市）

伊勢神宮についてはもはや言うまでもなく、神社好きの人であれば誰でも一度は訪れた経験はあると思いますが、内宮《ないくう》にお参りされたら、ぜひご正宮《しょうぐう》の後方にある荒祭宮にも参拝して頂きたいと思います。

ご祭神は、天照坐皇大御神荒御魂《あまてらしますすめおおみかみのあらみたま》。難しいご神名ですが、要は、天照大神の荒魂です。

内宮にある別宮十社のなかでも第一の別宮とされており、他の別宮と違って内宮神域内にあるだけでなく、内宮と同等の扱いを受けていることから、極めて重要な神社であることがわかります。

さらにこの「天照大神の荒魂」とは、『日本書紀』の「神功皇后」の条において、皇后に憑かって神託を与えた「撞賢木厳之御魂天疎向津媛命《つきさかきいづのみたまあまさかるむかつひめのみこと》」と同一とされています。

有事において発動とし、意志を顕わにするのが大神の荒魂であり、その御魂を鎮めつつ、お祀りするのが当社です。神託を与えるという意味では、日月神示にも通じるのではないかと思います。

こちらも大変にエネルギーの強いところで、やはり霊能者のような方がよく訪れるといいます。お伊勢参りの際には欠かせない神社です。

●多賀宮《たがのみや》（三重県伊勢市）

お伊勢参りの際は、内宮だけでなく、外宮《げくう》にも足を延ばすことをお勧めします。外宮のご祭神は、天照大神のお食事を司るとされる豊受大神《とようけおおかみ》ですが、その荒魂をお祀りするのが多賀宮です。

外宮には、四つの別宮がありますが、そのうちの第一の別宮とされるのが当社です。高宮(たかのみや)とも呼ばれ、正宮から南に二〇〇メートルほど離れた、小高い丘の上に鎮座します。内宮において正宮と荒祭宮が対等に扱われているように、ここ外宮においても、正宮と多賀宮は対等に扱われています。

〝世界一の超能力者〟と謳われたベラ・コチェフスカさんが外宮を訪れた際、事前知識などいっさいないにもかかわらず、突然、何かに引っ張られるようにこの丘を駆け上がって行き、本殿前で平伏《ひれふ》すという霊的な感応現象が起きたのが、この多賀宮です。

豊受大神は謎の多い神様であって、鎌倉時代の頃より祭神論争が絶えませんでした。その正体は国常立尊であるとする説も有力です。

●伊雑宮《いざわのみや》（三重県志摩市）

伊勢内宮の別宮の一社が、志摩一ノ宮の伊雑宮です。この地は古くから天照大神へ供物を捧げる御贄所《みにえどころ》として知られており、「御田植祭」は日本三大田植祭りの一つとして有名です。

ご祭神は、天照大御神御魂《あまてらすおおみかみのみたま》ですが、本来は地主神である伊射波登美命《いざわとみのみこと》が祀られていました。

伊雑宮も昔から祭神論争が絶えなかったところで、江戸時代にはそれが大きな騒動にまで発展し、幕府から処罰を受けたこともあります。それもそのはずで、当時、伊雑宮の神官たちが主張したのは、伊雑宮の真の祭神こそ天照大神で、内宮で祀られているのは瓊々杵尊《ににぎのみこと》、外宮は月読尊《つくよみのみこと》であるとしたのです。その裏には伊雑宮の神官たちによる神領回復運動があったというのが定説ですが、私は本当にそうだったのか疑問に思っています。

伊雑宮を、内宮の「奥宮」と見る向きもあります。不思議なことに、外宮・内宮・伊雑宮の三社は、北西から南東にかけて45度のラインに一直線で並んでいます。これは明らかに意図的に建てられた神社配置です。

伊雑宮はまた、古代ユダヤとの関連が指摘されているところです。歴史的に謎が多い神社ですが、やはりエネルギーの高いパワースポットでもあります。

●出雲大社の素鵞社《そがのやしろ》（島根県出雲市）

出雲大社は、言わずと知れたパワースポットであり、縁結びの神として全国的に有名です。ご祭神は、大国主大神。毎年、神無月《かんなづき》（十一月）になると、全国から八百万の神々が出雲に集うとされています。ですので出雲地方だけは、この月を「神在月《かみありづき》」と呼び、神《かみ》迎祭《むかえさい》という古式ゆかしい神事が荘厳に行われます。

出雲大社についてはもう解説不要でしょうけれども、参拝に行かれたら、ぜひご本殿の後ろにある素鵞社にもお参りされることをお勧めします。ご祭神は、皆さんもご存じの素戔嗚尊《すさのおのみこと》です。小さな御社なのですが、ここのエネルギーは強いものがあると思います。比較的そういうことに鈍感な私でも感じるところがありましたので。素鵞社の背後は、八雲山という御神体山になっています。

出雲は神話の地ですから、出雲大社の他にも参詣すべき神社がたくさんあります。須賀神社、須佐神社、八重垣《やえがき》神社、日御碕《ひのみさき》神社などは、お勧めのスポットです。神社以外にも、加茂岩倉《かもいわくら》遺跡、荒神谷《こうじんだに》遺跡などの古代遺跡にもできれば足を運んでほしいものです。

●宇佐神宮（大分県宇佐市）

日本全国にある八幡《はちまん》神社の総本山が、宇佐八幡宮こと宇佐神宮です。八幡神というのは誉田別命《ほんだわけのみこと》、つまり応神天皇のことですが、異説もあります。八幡はもともと「ヤハタ（もしくはヤワタ）」と訓《よ》んだことから、通説では秦《はた》氏との関連で見られることが多い神様です。やはり宇佐神宮にも御許山《おもとやま》という御神体山があり、原初的な神道信仰の跡を今に残しています。

八幡神の名は、記紀（古事記と日本書紀）には見られません。ということは、記紀が成立した後に現れた神ということになります。しかしその源流を探ると、宇佐八幡宮が創建される以前から信仰を集めていた神であることがわかります。

御許山は、宇佐神宮からは4キロほど離れたところにあり、神宮境内から遥拝できるようになっています。もともとは「大元（おおもと）山」といったということですから、おそらく根源的な神様が祀られていたのではないかと推測されます。山頂には三つの石が組まれた磐座《いわくら》跡があり、ここで祭祀を行っていたことがわかっていますが、禁足地になっているので、一般の人は見ることはできません。

ただ、御許山には宇佐神宮の奥宮とされる大元神社があります。ここまでは誰でも参拝できますので、機会があれば登ってみてください。

●幣立《へいたて》神宮（熊本県上益城郡）

スピリチュアル好きの人たちの間で大変有名なのが、この幣立神宮です。非常に不思議で謎めいた縁起を持ち、創建は日本の歴史が始まるよりはるか以前（約一万五千年前）にさかのぼると言われています。主祭神は、神漏岐命《かむろぎのみこと》、神漏美命《かむろみのみこと》ですが、大宇宙大和神《おおとのちおおかみ》という、聞いたこともないような創造神的な神様も祀られています。

人類発祥の地とされ、赤・青・白・黒・黄の五色人を表した「五色人面」が神宝として保管されています。

ここには新宗教の教祖となる人や、その信者たちがよく参拝に訪れますし、教義の中に幣立神宮の古伝承が取り入られることもあります。

幣立神宮は日月神示とも無縁ではありません。境内裏で発掘されたという石板の裏には、神代文字の一つである「アヒルクサ文字」が刻まれており、これを解読したところ、ひふみ祝詞と同じであることがわかりました。この石板は「鑑石《かがみ》」と呼ばれ、当社の御神体になっています。

●麻賀多《まかた》神社（千葉県成田市台方）

一応、本書は日月神示の関連本になりますので、麻賀多神社を外すわけにはいきません。印旛一帯には麻賀多と名のつく神社が十八もあり、「麻賀多十八社」と呼ばれます。そのうち比較的大きなものは二社あります。船形《ふなかた》にある一社と、台方《だいかた》にある一社です。日月神示と関係ある天之日津久《あめのひつく》神社は、台方の麻賀多神社の境内にある末社です。

主祭神は、和久産巣日《わくむすび》神。伊勢外宮に祀られる豊受大神を生んだ神であり、五穀の神でもあります。天之日津久神社は、本殿の右手奥に鎮座します。昔は、木造りの小さな祠《ほこら》でしたが、今は有志の手により石造りのお宮に改築されています。

1944年6月10日、岡本天明さんが初めてここを訪れた時、参拝の後、誰もいなかった社務所で休憩し、手弁当を広げたところ、突如として霊動が始まり、日月神示の最初の2帖を書かされました。

本殿左手にある大杉は「東日本一の大杉」でも知られています。推古天皇以来、樹齢1300年以上を数える御神木です。その幹には人の顔（優しそうなおじいさんの顔）が現れていると多くの人が言います。

●大宮氷川《ひかわ》神社（埼玉県さいたま市）

関東にもいくつかエネルギーの強いとされる神社がありますが、私の住む埼玉県の大宮には、武蔵国一ノ宮の大宮氷川神社があります。埼玉や東京を中心にたくさんある氷川神社の総本山です。主祭神は、須佐之男命《すさのおのみこと》。正月の三ヶ日は二百万人以上もの初詣客が押し寄せ、大変な賑わいをみせます。

社記によると、創建は今から約2400年以上前、第五代・孝昭《こうしょう》天皇の御代《みよ》だそうです。毎年8月1日の例祭には宮中から天皇の勅使《ちょくし》が差遣《さけん》され、幣帛《へいはく》（神様のお召し物の材料となる5色の絹の反物）が奉奠《ほうてん》されます。

一ノ鳥居から続く参道（氷川参道）は約2キロもあり、日本一の長さだそうです。昔はご神域も相当広かったでしょうし、神威が高かったことを物語ります。拝殿の楼門《ろうもん》から左手、手水舎《てみずや》の奥を進んだところに、「蛇《じゃ》の池」という湧水池があります。ここは数年前まで禁足地だったところですが、今では一般に公開されています。氷川神社がこの地に建てられる起源となった湧き水です。参拝の際は、ぜひこちらも忘れずに訪れてみてください。

●榛名《はるな》神社（群馬県高崎市）

巨岩や奇岩で知られる群馬の榛名神社も、最近はパワースポットとしても人気の神社です。私も知らなかったのですが、誰が言い始めたのか、なんでも願いを叶えてくれる「万能神社」とも呼ばれているんだとか。

じつはこの榛名神社も、日月神示との縁が深いところで、初期の神示の中にも榛名にまつわる記述がいくつか出てきます。いわゆる「榛名の仕組み」という御神業のため、岡本天明さんとその仲間たちがたびたび訪れていたところです。

ご祭神は、火の神・火産霊《ほむすび》神と土の神・埴山姫《はにやすひめ》神ですが、背後にそびえる御姿岩《みすがたいわ》が本殿と一体になっています。この人の形をした巨大な岩が、もともと信仰を集めていたのではないかと思われます。

参道から少し外れた、榛名湖に通じる歩道沿いには、あまり来る人はいませんが、九折《つづら》岩《いわ》という不思議な形をした霊石があります。これが神示の一節に「この神のまことの姿見せてやるつもりでありたが、人に見せるとビックリして気を失うもしれんから、石に彫らせて見せておいた」（『下つ巻』第３帖）とある記述の「石」なのだそうです。たしかに、龍神が天に昇るような姿にも見えます。

●岩木山《いわきやま》神社（青森県弘前市）

東北地方にもエネルギーの高い神社はたくさんありますが、私が推薦したいのは、津軽国一ノ宮の岩木山神社です。

青森県最高峰の岩木山は、津軽富士とも呼ばれます。もともとはこの御山が信仰対象だったのではないかと思います。岩木山神社はその南東の麓に鎮座しますが、岩木山の山頂には奥宮があるそうです。

ご祭神は、顕国魂神《うつしくにたまのかみ》（＝大国主神）、多都比姫神《たつびひめのかみ》、宇賀能売神《うかのめのかみ》、大山祇神《おおやまつみのかみ》、坂上刈田麿命《さかのうえのかりたまろのみこと》で、これら五柱を総称して岩木山大神と呼ぶのだそうです。

私が岩木山神社を参詣して一番に思ったのは、境内を流れる水が非常に清らかであるということです。霊峰・岩木山の地下から湧き出る豊かな伏流水のため、ご神域の木々も生き生きとしており、静謐《せいひつ》な佇《たたず》まいにとても癒される感じがします。手水舎にある柄の長い柄杓《ひしゃく》や逆立ちした狛犬も、珍しくていいですね。

中矢伸一（なかやしんいち）

昭和36（1961）年、東京生まれ。

3年に及ぶ米国留学生活を通じ、日本と日本民族の特異性を自覚。

帰国後、英会話講師・翻訳・通訳業に携わる一方、神道系の歴史、宗教、思想などについて独自に研究を進める。

平成2（1991）年、それまでの研究をまとめた『日月神示』（徳間書店）を刊行、いきなりベストセラーとなる。以後、ヒット作を次々と世に送り出す。

これまでに刊行した著作は共著やリメイクを含めて70冊以上。累計部数は150万部を超える。

現在、平成8（1996）年創刊の会員制月刊誌『玉響（たまゆら）』の制作・執筆を中心に活動中。会員向け講演会も行っている。有料メルマガ「飛耳長目」（まぐまぐ！）も毎週配信中。

中矢伸一オフィシャルサイト http://www.nihoniyasaka.com

日月神示とパワースポット

令和2年2月8日　初　版　発　行

著者　中矢伸一
発行人　蟹江幹彦
発行所　株式会社　青林堂
〒150-0002　東京都渋谷区渋谷3-7-6
電話　03-5468-7769
装幀　TSTJ Inc.
印刷所　中央精版印刷株式会社

Printed in Japan

ISBN 978-4-7926-0669-5

青林堂刊行書籍案内

ねずさんと語る古事記　壱・弐・参
小名木善行
定価各1400円（税抜）

みんな誰もが神様だった
並木良和
定価1400円（税抜）

日本歴史通覧
天皇の日本史
矢作直樹
定価1600円（税抜）

失われた日本人と人類の記憶
矢作直樹
並木良和
定価1500円（税抜）